# 何をするにもやる気がでないので30秒でモチベーションを上げる方法を教えてください…

著
吉本ユータヌキ

取材協力
樺沢紫苑
菅原洋平
井上新八
佐々木望
石井玄
えしゅん
鈴木裕介
川﨑宗則



sanctuary books

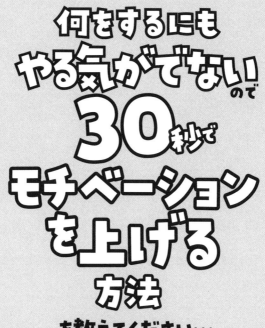

**吉本ユータヌキ**…漫画家、イラストレーター
1986年大阪生まれ・滋賀在住の3児の父。

16:54
サンクチュアリ出版・鶴田
モチベーションの上げ方を
取材して本をつくりませんか！
モチベなさすぎる人間なのに…？
一回話だけ聞いてみるか
SNSの投稿を見てお声がけしたんです
吉本ユータヌキ @horahareta13
仕事したいけど、やる気がでない…
そうなんです 実は本気で悩んでいて…
「やらなきゃ」って思っても動けなくて後悔する毎日……
「やりたい」で動ける自分に変わりたいと思って
本や動画を参考にいろんな方法を試したけどどれも続かなくて…
では…吉本さんが話を聞いてみたい方に教えてもらいましょ
しかも30秒で簡単にモチベ上がる方法を！
30秒ならできるかも…
じゃあ80個教えてもらいましょ
80!?

そんな感じで取材がはじまり
教えてもらった方法や考え方を実践して
1
ToDo 4/17
下書き
ネタだし
清書
色ぬり
取材
2
3
14
78:16
8
22
39
目標!
1ページ60分以内できる!
53
数ヶ月後ー
完成!
ファイル 編集
モチベーション上げる方法をたくさん試してこれたのは…
71

58:13
時
分
10秒
スタート
58:14
この本で
「1歩、踏み出せる」ぐらいの方法がひとつでも見つかったらいいなと願っております
何をするにも
吉本ユータヌキ
ーとはいえ焦らずに
読みたくなったタイミングでどうぞ
応援しております!

この本をつくるまでのぼくは…

# はじめに

ぼくは今までなにをするにも「やる気」ではなく、「やらなきゃ」が動機で動いていました。「お金のために働かなきゃ」「頼まれたから期待に応えなきゃ」「みんなやってるから……」と。

なので、毎日不安や焦りばかり。
気がつけば心も身体もＨＰゼロでベッドにバタン。

このままじゃつらい。自分の「やりたい」で動けるようになれば、毎日が少し楽になるかもしれない。そう思い、今までもモチベーションアップに関する本や動画を参考に、試したこともありますが、結局どれも続かず……。

そんなぼくのところに、サンクチュアリ出版さんからこの本の話がきました。
しかもその方法は、ぼくが話を聞きたい人に直接取材して、「自分が本当に実践できたことだけ」をまとめればいいというもの。
「それならできるかも？」と思いチャレンジしてみることにしました。
そして自分のテンションが上がるよう、3つの基準で、お声がけをしました。
①ぼくが見聞きした中で「こんな人になりたい！」と思ったすごい人に聞くこと
②なにが自分に合うかわからないので、科学的な方法から、仕事術、考え方まで、幅広い方法を集められる人選をすること
③ぼくは二日坊主にもなれないので、30秒で実践できる方法をもっていること
さらに自分の状態に合わせていつでも使えるよう、「#始める」「#踏み出す」「#集中する」「#続ける」「#心が折れない」「#リフレッシュしたい」と、いろんなシチュエーションで分類しました。

こうしてお話をお聞きしたモチベーションのオールスターが、次の8人です。

# 取材協力者プロフィール

精神科医

## 樺沢紫苑　かばさわ・しおん

「日本一アウトプットをする精神科医」として、書籍やメルマガ、YouTubeやInstagramで膨大な情報を発信されている方で、「どうしたらそんなに動けるのか」が知りたくなりました。実はメンタルを崩した時期からずっと、樺沢先生のメンタル疾患関連の動画を拝見していて、効果も実感していました。ならモチベーション関連の方法も自分に合うのでは？　と思ったんです。

作業療法士

## 菅原洋平　すがわら・ようへい

「脳と身体の仕組み」を利用して、やる気に頼らず動けるようになる方法を発信されている方です。やる気というものがわからないぼくとしては、ぜひ教えていただきたいと思い、お声がけをさせていただきました。ちょっと身体を動かしたり、なにかつぶやいてみたりするだけで動けるようになるなんて、「そんなわけないでしょ」と思いながらも、それができれば楽に生きられそうだと思いました。

ブックデザイナー・習慣家

**井上新八** いのうえ・しんぱち

趣味は「継続」。「年に 200 冊のブックデザイン」「毎朝欠かさずジョギングと筋トレ」「毎日 1 冊の読書」……と続けることが苦手なぼくからすると、「同じ人間なのか？」と思えるような方です。だからこそ、どうしたら苦労せず続けられるのか聞きたくなりました。また、普通は忙しいと仕事以外のやる気が奪われるのに、趣味など自分のやりたいこともすべてやっていらっしゃるので、その秘訣も気になります。

声優

**佐々木望** ささき・のぞむ

「声優」と「モチベーションの本」はあまり関わりがないと思いますよね。でも佐々木さんは喉を痛められても、新しい発声方法をトレーニングしてお仕事に復帰。声優として第一線でご活躍されながら、40 代で独学で東大に合格。考え方やメンタルの強さに秘密があるのではないかと思い、取材させていただくことになりました。編集者さんが好きなキャラクターを演じていらっしゃったことも、理由のひとつです（笑）。

# 取材協力者プロフィール

ディレクター・プロデューサー

## 石井玄　いしい・ひかる

漫画家をやっていて、「なにかをつくる」というのはただ動ければいいというものではなく、モチベーションの源泉のようなものが必要になると感じるようになりました。だからこそ、ぼくの大好きな番組をつくっている石井さんに、「面白いものをつくり続けるモチベーション」を聞きたいと思いました。また、チームでやる仕事は、ひとりでやるのとは別のやる気の出し方があるのか気になりました。

天台宗正明寺法嗣

## えしゅん

「やらなきゃ」「ちゃんとしなきゃ」という焦りや、過去の後悔、未来への不安が頭の中をグルグル回って動けなくなってしまうことがよくあります。でもその息苦しさが解ければ、自然とモチベーションが上がるのではないかという思いがありました。そんなとき、穏やかに話しながら、たった１分の法話で苦しみを解くえしゅんさんを知り、お話を聞いてみたいと思ったんです。

心療内科医

## 鈴木裕介《すずき・ゆうすけ》

モチベーションを上げたくても、どうしても「動きたいけど、動けない」「がんばりたいけど、がんばれない」ということがあります。身体が動かないだけではなく、メンタルが落ち込んでしまうことも。そんなときでも使える方法はあるのか、もしかして「休むことも必要なのかな？」と気になり、お話をうかがいたいと思いました。「動けないのは自分の弱さのせいなのか」を知りたかったというのもあるかもしれません。

野球選手

## 川﨑宗則《かわさき・むねのり》

プロ野球大好きなぼくにとっては、憧れの存在だった川﨑さん。メジャーリーグでも活躍され、メディアではいつも明るく前向きな発言をされる、最高にガッツ溢れる方で、その秘訣を知りたい！　……とずっと思っていたのですが、実はすごくネガティブで「ネガティブは武器になる」という記事を目にしました。同じくネガティブなぼくとしては、その真相や対処方法を教えてもらいたいと思いました。

# CONTENTS

Part 3
ブックデザイナー・習慣家 井上新八さんに聞いてみた！

CONTENTS

## Part 5 ディレクター・プロデューサー 石井玄さんに聞いてみた!

CONTENTS

## Part 6 天台宗正明寺法嗣 えしゅんさんに聞いてみた！

## Part 7 心療内科医 鈴木裕介さんに聞いてみた！

# CONTENTS

# Part 1

## 30秒でモチベーションを上げる方法を

精神科医

# 樺沢紫苑さんに聞いてみた！

精神科医、作家。1965年札幌市生まれ。札幌医科大学医学部卒。2004年から米国シカゴのイリノイ大学精神科に3年間留学。帰国後、樺沢心理学研究所を設立。SNS、メールマガジン、YouTubeなどで累計100万人以上に、精神医学や心理学、脳科学の知識・情報をわかりやすく伝え、「日本一、情報発信する医師」として活動している。著書に『学びを結果に変えるアウトプット大全』（サンクチュアリ出版）、『精神科医が見つけた3つの幸福』（飛鳥新社）など、累計50冊以上、累計発行部数250万部突破のベストセラー作家。

モチベUP 01

# 鏡に向かってつくり笑顔をする

#始める　#リフレッシュ

いつでもどこでもできる、とても簡単な方法としてまず試してみてほしいのが、「笑顔」をつくること。脳科学的にいうと、笑顔をつくることでセロトニン、ドーパミン、エンドルフィンという脳内物質が分泌されます。するとストレスホルモンが下がり、たった10秒でも緊張が緩和されてハッピーな気持ちになれるのです。

よりハッピーな気持ちを高めるなら、**好きな人や信頼している人、ペットなど誰かに向かっての「笑顔＋アイコンタクト」**がおすすめ。笑顔が返ってこなくても、自分が笑顔になって目を合わせるだけで愛情ホルモンのオキシトシンが多く分泌され、楽しい気分になるはずです。

もともとお笑いは大好きで日常的にラジオを聴いたり、漫才の動画を見たりしてたんですが、この方法を教えてもらってからは「なにかを始める前」に視聴するように。あとは寝る前。笑っていい気持ちで眠れた方が効果あるんじゃないかと。面白くて眠れなくなる日もありますが……。

## モチベUP 02

# 声に出してカウントダウンをする

1 2 3 4
……
5
やるぞー！
カタ
カタ…
なんで
さっきまで
あんなに腰
重かったんだろ

#始める

やらなきゃいけないのに、腰が重くて始められない……。そんなときは、「5、4、3、2、1、GO!」と**「カウントダウン」で自分に発破をかけてみてください。**「今からやるぞ」「30秒後に動くぞ」でも、宣言になっていればなんでもOK。不思議と行動せざるを得なくなりませんか?

これは心理学の「認知的不協和理論」を使った方法。人間は2つの矛盾する状態に置かれると、ストレスを感じて矛盾を解消したくなります。「宣言した自分」と「まだ始めていない自分」は矛盾しているので、自分は嘘つきだと感じて居心地が悪くなる。それを解消するために、「始める」ことを自ずと選択するようになります。

友達に言われてハッとした言葉があります。「お風呂は入るまではめんどくさいけど、入って後悔したことない」です。ほんとそれ! 結局は始めるまでのハードルが高いだけで、始めてみれば躊躇してたことすら忘れてる。なので最近は躊躇した瞬間にカウントダウンしています。

モチベUP 03

# 自分のオープニング曲を流す

今日は…
9:02
プレイリスト
Myオープニングソング♪
Someway
family Song
ここから見える景色
これにしよ
シンプルに
テンション上がる！
歌うとさらに
よかったです
仕事終わりも
パタン
エンディング曲を
かけて気持ちよく
閉店してます


#始める　#リフレッシュ

試合前に好きな音楽を聴くアスリートは多いですが、仕事や勉強を始める前に聴くのも効果的です。好きな音楽を聴くとドーパミンが分泌され、テンションが上がります。**プロレスラーの入場曲やテレビアニメのように、自分のオープニング曲を決めてみる**のはいかがでしょうか？

ただし、作業中に音楽を流すことには注意してください。人間の脳はマルチタスクができないので、「作業をする」と「音楽を聴く」は同時ではなく交互に処理されます。その分、脳の負担が増えて作業効率が低下するんです。ちなみに、言葉を使わない単純作業であれば、音楽を聴いた方が捗るという研究結果もあります。

朝歌うようになって気づいたのですが、大声を出すって元気出ますね。歌うことで頭に酸素が行き届くような、スカーッとした気分にもなれるので、ぼくみたいに自宅でひとり作業の方におすすめしたいです。ちなみにぼくのお気に入りはサンボマスターと星野源さんのアップテンポな曲です！

## モチベUP 04

# 耳栓をして、しばらく目を閉じる

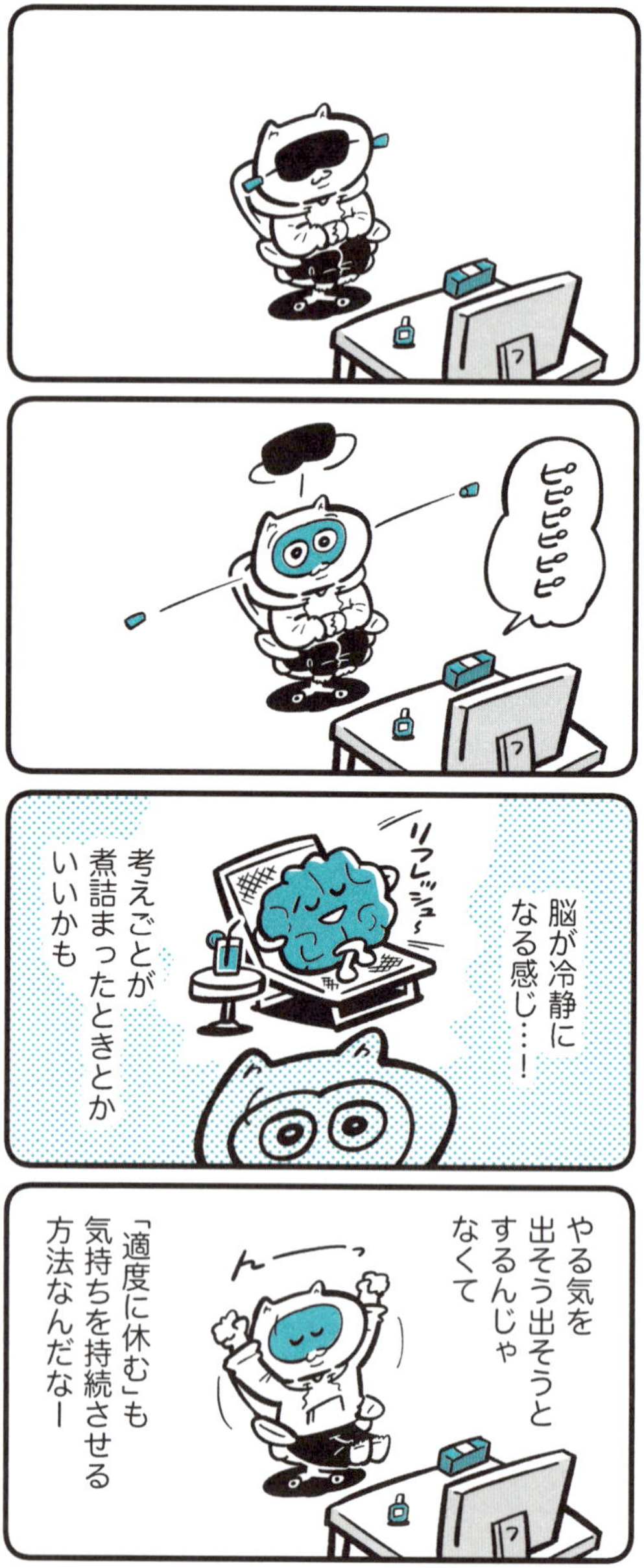
ピピピピピピ
脳が冷静になる感じ…！
リフレッシュ～
考えごとが煮詰まったときとかいいかも
ん――っ
やる気を出そう出そうとするんじゃなくて
「適度に休む」も気持ちを持続させる方法なんだなー

#リフレッシュ

30秒目をつぶる。たったこれだけでも目から入る光刺激が遮断されて、脳が休まってスッキリします。ただ目をつぶるだけの時間に抵抗がある人は、**目薬をさして目になじませるついでに30秒目を閉じてみる**のはどうでしょう。自然となにも考えずに実践することができるのでおすすめです。目だけでなく、耳栓やイヤホンのノイズキャンセリング機能で聴覚刺激も遮断してしまえば、さらに脳の回復が見込めますよ。休息後の仕事のパフォーマンスを高めるので、トータルで「時間の節約」にもなります。

裏を返せば、目を開ける＝脳を活性化させるということ。朝起きられないときは、とりあえず目を開けて光を入れるだけで、セロトニンが分泌されて覚醒します。

せっかちなぼくは「目を休めた方がいい」とわかっていても、数秒すらもったいなく感じて、休憩中もSNSを眺めていました。ですが、やってみて効果を感じて以降は、SNSを見たくなっても「脳を酷使する？　回復させる？」と自問自答して、目薬を選べるようになりました。

モチベUP 05

# コーヒーとナッツを用意しておく

素焼き
ミックスナッツ
思ったより満足感はあるけど満腹ではないから
ふう…
眠気もなく ちょうどいい感じ


#始める　#集中する　#リフレッシュ

私はいつも**仕事を始めるときにコーヒー**を飲みます。理由は①カフェインが脳を活性化させるから②「コーヒーを淹れる」も仕事としてルーティンに取り入れると、流れるように仕事が始められるからです。また、カフェインは分解に時間がかかるので、夜に眠れなくならないよう「14時頃まで」「1日2杯まで」にしています。

**小腹がすいたときは、甘いものよりナッツ**がおすすめ。脳がエネルギーを燃焼させる際に必要なミネラルやビタミン類が豊富で、なおかつ「噛む」ことでセロトニン神経が活性化して集中力が高まるからです。少量ずつ口に入れて20回くらい噛むのがポイント。私は1日30グラム（片手で一握りする量）を食べています。

ぼくは前まで毎日タンブラー3杯ほどのコーヒーを飲んでいました。でも今は14時以降のコーヒーはやめて、炭酸水を飲むように変えました。その効果あってか、毎晩21時には自然と眠くなるようになりました。適切な摂取方法を知るって大事だなとしみじみ感じています。

モチベUP 06

# 「ToDoリスト」に制限時間を入れる

#始める　#集中する

ToDoリストも集中力やモチベーションアップのカギになることをご存じですか？
スマホでToDo管理する人も多いと思いますが、スマホは誘惑が多く集中力が落ちてしまうので、ここでは紙に書くことをおすすめします。
まず、**タスクと制限時間を紙に書き（パソコンで作成して印刷してもOK）、作業中すぐ目に入るところに貼ります。**「次になにをするか」や「何時までに終わらせるか」を考えなくてもよくなるので、集中力が切れません。脱線しそうになっても制限時間が目に入り、リストを見て作業に戻ることができます。完了したタスクは豪快に線を引いて消すと、達成感が得られて、さらにモチベーションアップ！

今回試しに買ってみた無印良品の『短冊型メモ　チェックリスト』が、とにかく使いやすくて見事に続いています。なによりいいのが、行数が多いので、余白に感想やメモをサクッと書けること。なにを思ったのか10個買ってしまったので、「使い切る」がぼくの壮大なToDoです。

## モチベUP 07

# 冷水で濡らしたタオルで顔を拭く

#始める　#集中する

モチベーションのスイッチを急速にオンにする必殺技。それが「冷水タオルでの顔拭き」です。**タオルの冷たさで「交感神経反射」が起こり、脳が興奮して活性化する**というメカニズム。朝、冷たい水で洗顔するとシャキッとするのと同じ現象です。ちょっと荒療治なので、疲れているときではなく、まだ目が覚めずぼんやりしているときなどに試してみてください。

冷たさが苦手なら、電子レンジなどで蒸した熱いタオルでも同じ効果があります。ただし、顔だけでなく全身を適度に温めてしまうと、副交感神経が優位になり眠くなってしまうので注意を。

小学生のときプール前に入る冷たいシャワーが苦手だったぼくにとっては、絶対やりたくない方法でしたが、覚悟を決めて試してみました。その結果、改めて「もう絶対やりたくない」と思いました。けど効果は抜群なので、運転中に眠くなったときや、「今日はがんばりたい！」ってときにぜひ。

モチベUP 08

# 机の上の不要なものをひとまず箱に入れる

#始める #集中する

「机がきれいな人は仕事ができる」とよくいいますが、机の上に物が多いと気が散って集中しにくいのは事実です。とくに「スマホ」は要注意。触っていなくても、机の上にあるだけで集中力が大きく下がるということが、テキサス大学の研究でわかっています。仕事中や勉強中は別室やロッカーに置く、もしくは電源をオフに。

**脳には「なにかを始める」ことで側坐核《そくざかく》という部位が活性化して、やる気が出るという性質があります。**片付けでもなんでも、「まず動いてみる」という作業自体がやる気のスイッチになるんです。なので「コーヒーを淹れる（P30）」「机の上を片付ける」などのルーティンで、次第にやる気モードになっていきます。

**これをあそこに直して、それはあそこに……と決めた場所に戻すのがめんどくさくて、なかなか片付けに手が伸びないぼくは「ひとまず入れる箱」を発明しました。これなら30秒もかからないのです！　そんな箱も今では5つに。どこになにを入れたかは、もうわかりません。**

モチベUP 09

# 砂時計をセットする

#集中する

人間の集中力は15分単位といわれています。そのため、作業に制限時間を設けるなら、15分、30分、45分など15の倍数がベスト。

私はいつも、**15分用や30分用の砂時計を使って作業時間を計っています。**タイマーの場合、「あと少しで終わる」というときにアラームが鳴ると集中力が切れてしまいますが、砂時計ならその心配がなく、砂がだんだん減っていく緊迫感もちょうどいい刺激になるんです。ストップウォッチもいいと思います。終わったときに時間を見て、目標に勝てたかどうかのゲームができます。スマホのタイマーが手軽だと思いがちですが、スマホは誘惑が多すぎて気が散る原因に。砂時計、おすすめですよ。

砂時計もよかったんですが、ぼくが今使ってるのはカウントアップのできるタイマーです。漫画1ページ描くのに何分かかるのかが把握できて、1日の予定が立てやすくなりました。「〇分後には終わる」と思えるだけで、始めるハードルがグンと下がった気がするんです。

## モチベUP 10

# 1行だけでも褒め日記を書く

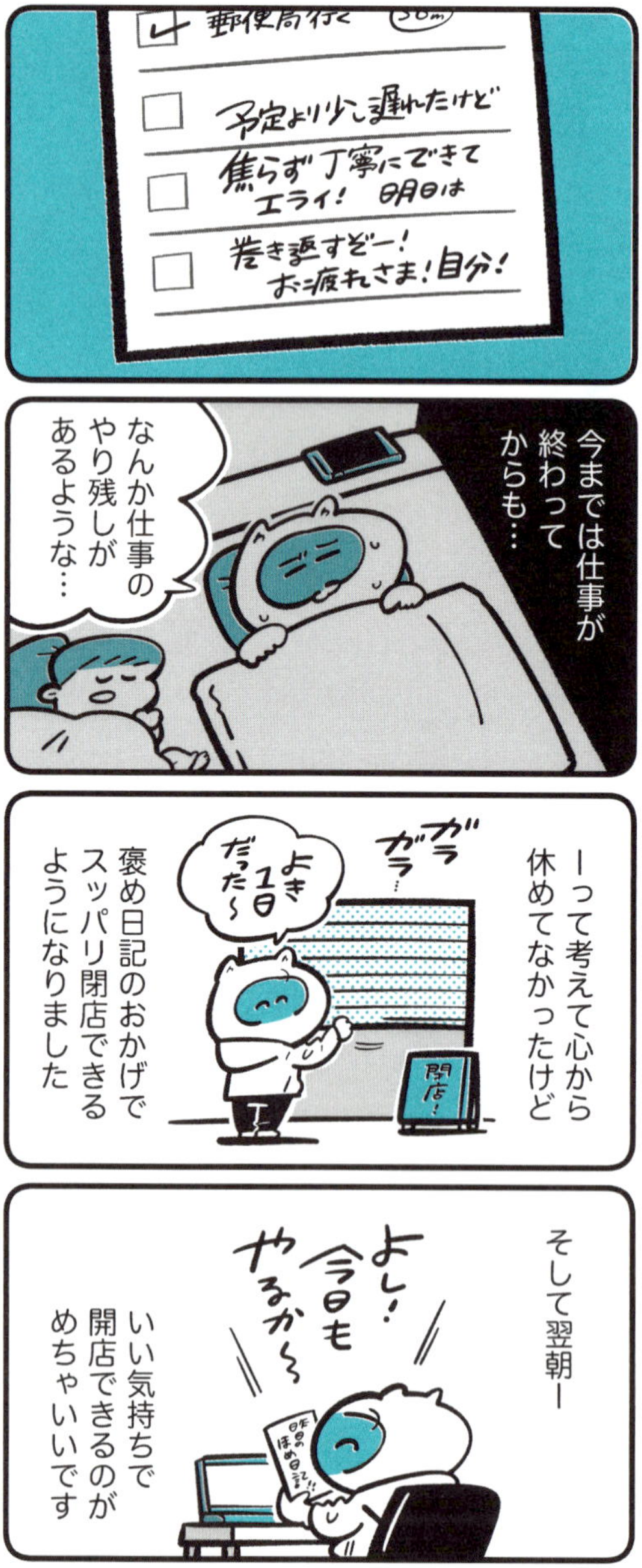


#始める #続ける #折れない

日頃から自分を褒めていますか？　ネガティブなことばかり考えると自己肯定感もモチベーションも下がってしまうので、ポジティブな言葉を意識的に自分にかけてあげることが大切です。脳内物質の働きで、自然とやる気も出ます。言葉はなんでもOK。でも、結果だけ褒めるといずれ脳が慣れてしまうため、「遅くまでがんばった」「苦手なのによくやった」といったプロセスや姿勢を褒めるのがおすすめ。

**寝る前に「褒め日記を書く」を習慣にする**のもいいと思います。簡単に1行だけでOK。寝る直前の感情がその1日の印象を大きく左右するので、ポジティブないい気分で眠りにつくと翌日も気持ちよくスタートできます。

ぼくは仕事終わりに、その日のToDoリストの隙間に書いています。なのでちゃんと書こうと思わなくていいし、1、2行しか書けない日も。でもそれでいいんです。ちゃんと書かないとって思うと、疲れて本末転倒になるんで。書くだけえらい！　そんな気持ちで続けています。

Column1

# モチベーションの上がるおすすめアイテム①

## 無印良品　短冊形メモ チェックリスト

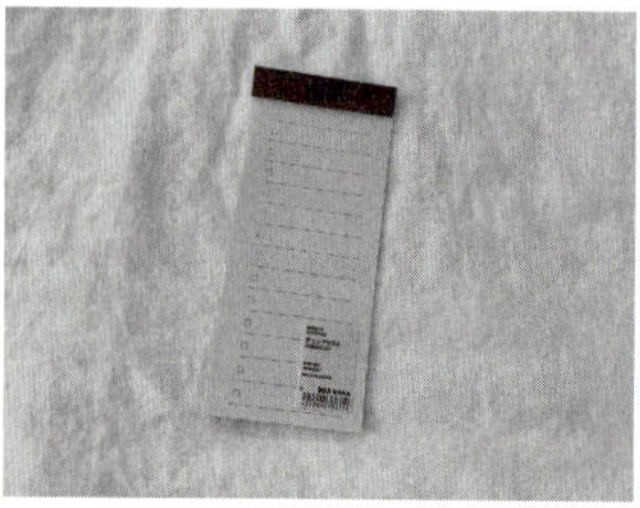

すごく使いやすくて、今では必需品になっています。朝ここに1日のToDoを書いて、仕事終わりに隙間に褒め日記を。翌朝読み返したらポイ。縦長なんでデスクの端に置いてても幅を取らないのが最高なんです。

## AirPods Pro

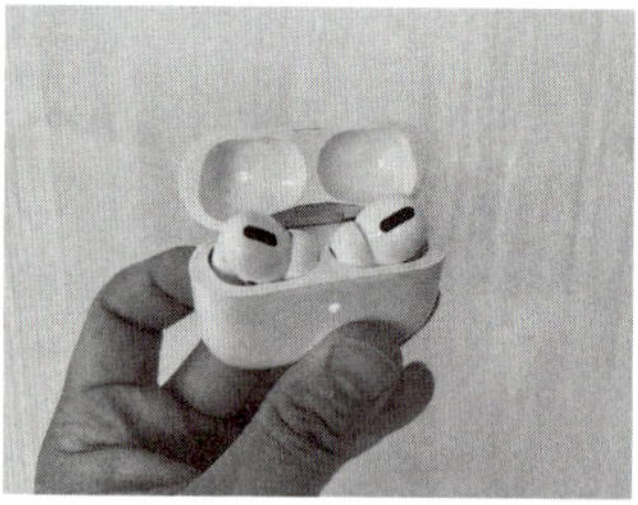

音を遮断したいのに、普段使ってたイヤホンにノイズキャンセリング機能が付いてなかったんで、思い切って新調しました。カフェにいても自宅くらいの静かさになって驚きです！頭を休ませるとき、集中したい作業のときにつけるようにしています。

## ソニック　トキ・サポ　100時間タイマー

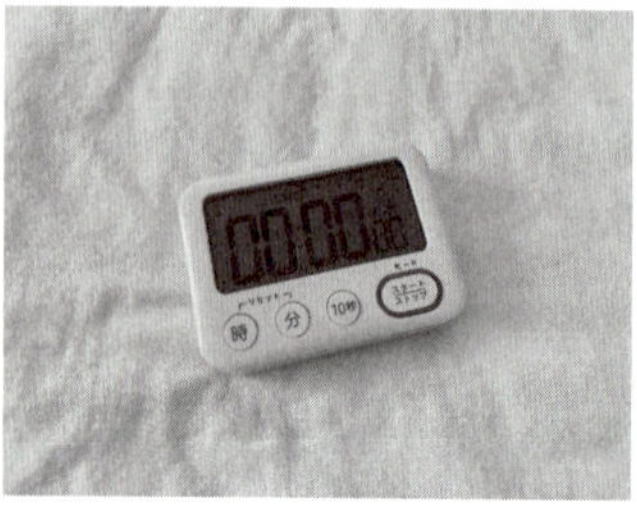

100円ショップのタイマーだと使わなくなりそうだなと思い、子どもの勉強用で売っていたものを買いました！音のオン・オフができたり、カウントアップ・ダウンも両方できたりと多機能で便利です。これのおかげでスマホは遠くに置くようになりました。

# Part 2

## 30秒でモチベーションを上げる方法を

作業療法士

# 菅原洋平さんに聞いてみた！

作業療法士。ユークロニア株式会社代表。アクティブスリープ指導士養成講座主宰。1978年、青森県生まれ。国際医療福祉大学卒業後、国立病院機構にて脳のリハビリテーションに従事。現在は都内心療内科で睡眠外来を担当する傍ら、ビジネスパーソンのメンタルケアを専門に、生体リズムや脳の仕組みを活用した企業研修を全国で行う。『すぐやる！「行動力」を高める“科学的な”方法』（文響社）、『あなたの人生を変える睡眠の法則』（自由国民社）などベストセラーを多数上梓。テレビや雑誌など、メディア出演も多数。

モチベUP 11

# 「超バーニング〇〇に変身！」とつぶやく

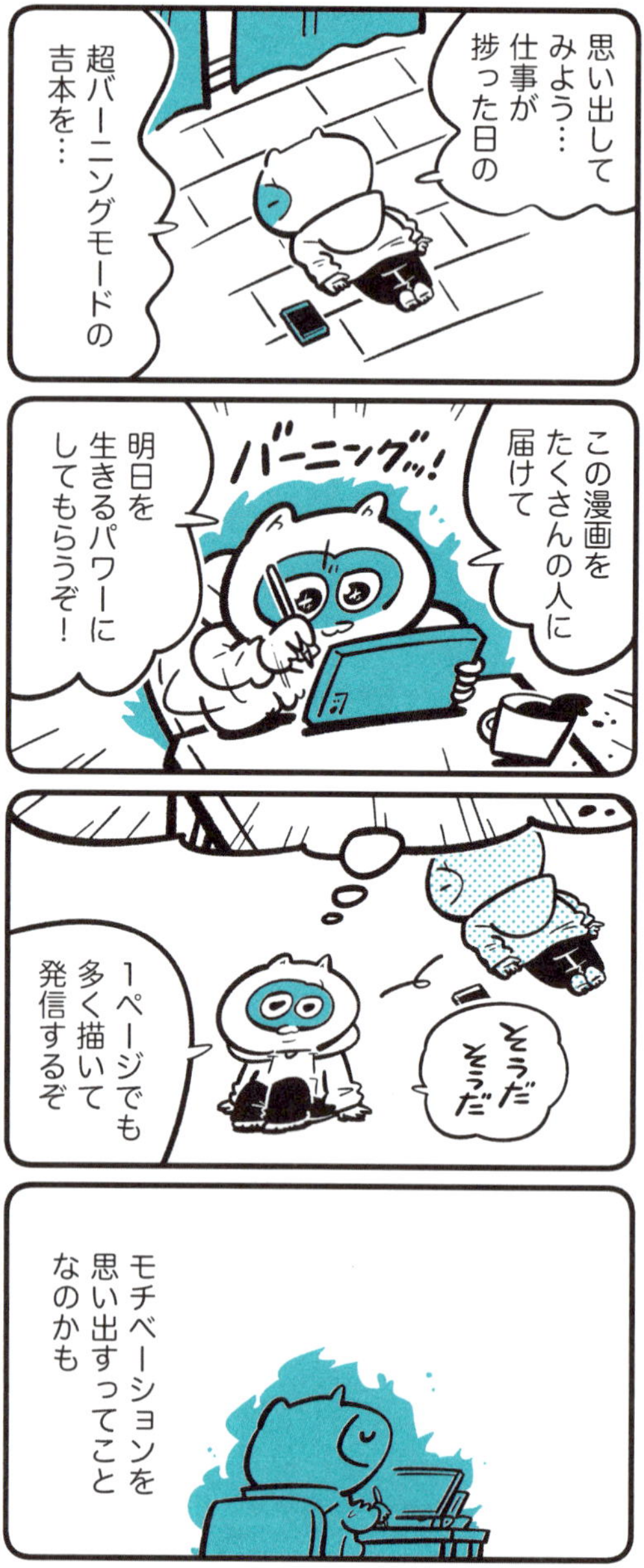


#始める　#集中する

私たちの行動は、脳の中で記憶として保存されています。そして、それら行動の記憶は、その記憶を表す言語と結びついています。ちょうど、SNSのハッシュタグのように、キーワードを介して過去の行動を再現することができるのです。

そこで、**やる気があったときの自分を思い出して、名前をつけてみましょう。**「スーパーワークモード」でも「できるマンX」でも、「バキバキタイム」のような擬音語でもOK。自分にわかりやすく、そのときの頭や身体の状態にピッタリな名前をつけて、「そのモードに切り替わる！」とつぶやけば、すんなりと行動できます。

やる気満々の過去を振り返るのは恥ずかしさもありますが、その頃の衝動や熱量を思い出すのは、すごく効果的だなと感じました。いつからか他人の目を気にしたり、SNSの一意見を気にしたりして、動けなくなることがよくあるので。思い出に紐付いた音楽を聴くのもよかったです！

モチベUP 12

# 部屋着から勝負服に着替える

在宅仕事のぼくは普段こんな感じですが
寝グセのまま
ヒゲは人と会う日以外剃らない
ほぼパジャマ
会社勤めしてた頃の格好に変身!
朝シャンしてセットした!
ヒゲ剃った!
外行きの服
やることは普段と変わらないけど
カタカタ…
背筋のびる〜
それにー
「場所もかも」と思いコロナ禍前までよく原稿書きに行ってたカフェに行ったらめちゃ捗って
自分をその気にさせるって大事!
CAFE
TODAY MENU
単純すぎる自分にもびっくりしました


#始める #集中する

やる気を出す近道は、脳に「やる気があったとき」を思い出させること。「やる気モードの自分に名前をつける」（Ｐ44）に加え、**言語以外の視覚や触覚、筋肉の動きの感覚を脳に届けると、その場面をより再現できるようになります。**

やる気になって集中できていた場所に移動したり、そのときと同じ服を着たり、同じ道具を使うなどして、脳に思い出させましょう。もし、やる気があったときが思い当たらなくても大丈夫です。たとえば「ジャケットを着る」「髪をセットする」「高級な万年筆を使う」など、物やしぐさを使って、「やる気がある人みたいな」感覚を脳に届けて、その人になりきればＯＫです。

これを機に「身だしなみは自分のためにしてるんだな」と思うようになりました。ヒゲを剃って、髪を整える。それだけでも気持ちが引き締まる。最近は会社勤めしてたときよりも、綺麗な状態で仕事をしてる気がします。逆に休むときは全力でダラシなく。メリハリですね。

モチベUP 13

# 「ペンを握る指」に指サックをつける

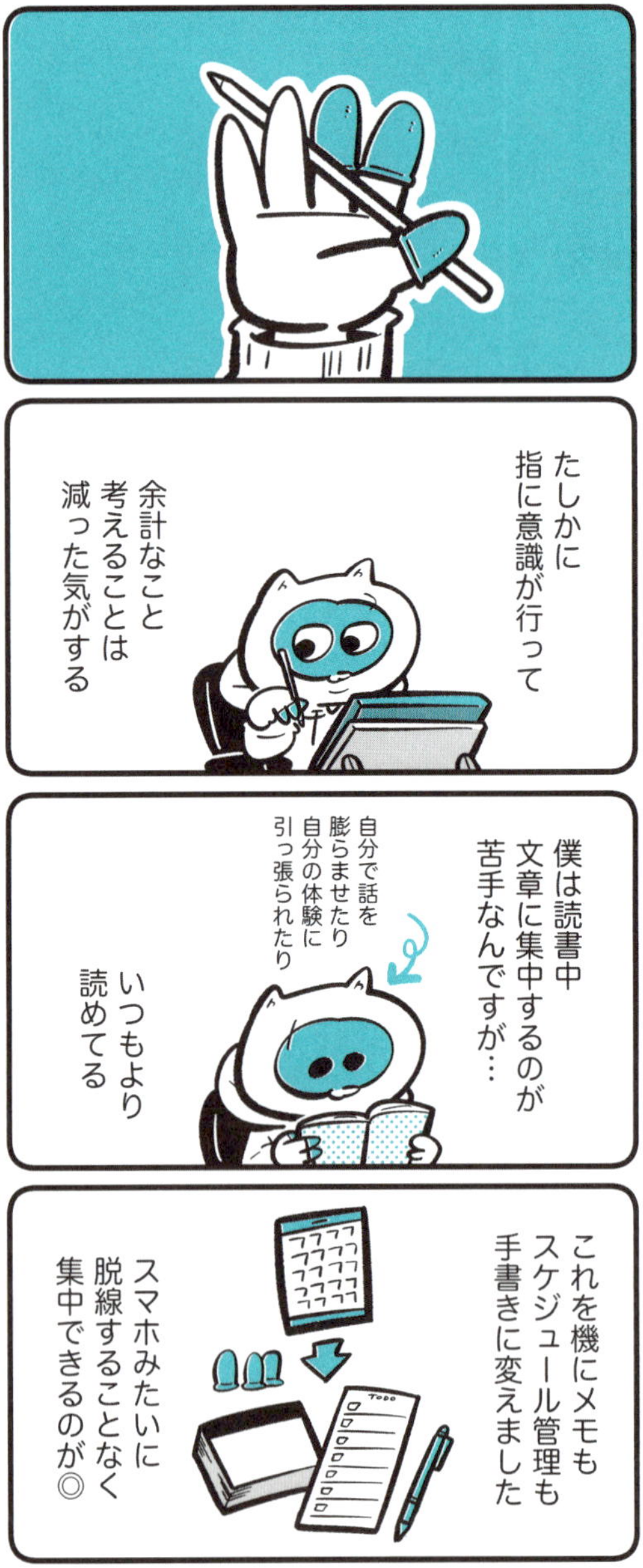

たしかに指に意識が行って
余計なこと考えることは減った気がする
僕は読書中文章に集中するのが苦手なんですが…
自分で話を膨らませたり自分の体験に引っ張られたり
いつもより読めてる
これを機にメモもスケジュール管理も手書きに変えました
TODO
スマホみたいに脱線することなく集中できるのが◎


#集中する

脳は、耳の辺りを境に、前と後ろに分かれています。後ろを「頭頂葉《とうちょうよう》」といい、見たり聞いたり触ったりした感覚を受け取ります。前の脳は「前頭葉《ぜんとうよう》」といい、過去の記憶に基づいて思考します。

両者は、一方が働くともう一方の働きが抑制される関係。目の前の作業とは関係ないことを考えてしまうときは、前頭葉が頭頂葉で受け取った作業の感覚を抑制しています。作業への集中を取り戻すには、**頭頂葉に強い感覚を届けることが大切**です。そこでおすすめしたいのが「指サック」。ペンを握る、ページをめくる感覚が強められ、前頭葉が担う考えごとを抑制できます。

すごく効果的だったんで、今空前のアナログブームがきています。原稿のチェックも紙に印刷して、ペンでメモを書く。書きながら頭の中で整理されることもあるんです。ちなみに指サックはサイズを買い間違えて、指が鬱血して集中どころじゃなくなったので、サイズにはご注意を。

モチベUP 14

# ティッシュにアロマオイルを1滴垂らす

ハッ…!
原稿中だった
集中すると本当に匂い感じなくなるんだな…
たしかに集中すると呼ばれても気づかないもんな

#始める #集中する

私がよく、受験生におすすめする方法のひとつに、**「ティッシュにアロマオイルや香水を一滴垂らして机に置く」**というものがあります。

作業に集中するには、前頭葉の働きをうまく制御しなければなりません。その役割を担う部位のひとつが、扁桃体《へんとうたい》です。この扁桃体を、香りによって刺激すると、前頭葉の制御が強まり、集中しやすくなります。気が散ったときに「ふっ」と香りを感じると、「あ、今、違うことを考えていたな」と自覚して、元の作業に戻ることができるのです。香りは、勉強机などの「場所」や、集中したい「作業」とセットにして選ぶと、作業開始のスイッチの役割となり、より集中しやすくなります。

この方法すごくいいなと思ったのが、作業部屋の匂いを決めることで、部屋に入った時点で仕事モードになれるということです。実家の匂いが落ち着くみたいな感じです。今まで匂いなんて気にしたことなかったけど、寝るとき用の心休まる匂いもみつけたいなと最近思っています。

モチベUP 15

# 「これは練習だ」とつぶやく

#始める #集中する #続ける

作業になかなか手がつけられないとき、脳は、その作業をやるためのエネルギーが用意できていません。これから始める作業を、過去の記憶と関連付けることができると、前頭《ぜんとう》前野《ぜんや》外側部《がいそくぶ》という領域で、神経活動がまとめられて、必要なエネルギーを少なくすることができます。

**これから始める作業を、なにかの「練習」と捉える**と、簡単に過去の記憶と関連付けることができます。どんなことの「練習」と位置付けても大丈夫です。目の前の作業の先にあることをイメージしてみましょう。さらに、先の作業がイメージされると、目の前の作業を達成しても、やる気は失われません。

0か100かみたいな考え方で、一度ミスしたら終わりだ……と思っていました。でも「練習」と捉えるようにしてからは、0点だった場合も、そこから気づきが得られたら、次の15点、30点とつなげられる。その繰り返しで100点を目指せばいいんだなと思えるようになりました。

# モヤモヤを「忘れることノート」に書きなぐる

#集中する　#折れない

明日の会議のこと、来週の出張のこと、過去に言われたイヤなこと……。**とりとめのない考えごとで集中できないときは、その思考に「会議」「出張」などタイトルをつけて、「忘れることノート」に書いてみましょう。**

すると、頭の中を占拠していたとりとめのない思考は、ノートという物理的な空間に置かれて、脳の中の海馬という部位で、空間に置かれた「物」として処理されます。これで、部屋にある別の物と同じ扱いになるので、それについて考えなくなります。

このノートは、ToDoリストではなく、思考のごみ箱なので、文章でなくタイトルをなぐり書きするだけでOK。余計な思考を、脳の外にどんどん捨てていきましょう。

人に話を聞いてもらうと、解決しなくてもスッキリするあの感じに似ています。それでもスッキリしないとき、頭の中を全部書くようにしています。「スッキリせん」「でもどうしたら」「どうしたい？」と会話するように。頭の中で考えるより、ゴールに近づいていくことが多いです。

モチベUP 17

# 眼球を横にギュッと寄せる

#集中する

作業に関係ないことを考えてしまったら、**顔を前に向けて、黒目を右端か左端にギュッと寄せて10秒止める。**これだけで、直前まで考えていたことを忘れてしまい、作業に戻ることができます。

余計な考えごとをしているときは、脳の中では「デフォルトモード・ネットワーク（DMN）」という複数の領域が働いています。DMNの活動は、眼球運動と密接に関係していて、眼球運動を止めれば、DMNの活動も止まります。

考えごとは、イヤな出来事を思い出したのをきっかけに連想するように始まります。思い出したタイミングでDMNをストップさせましょう。

びっくりするぐらい簡単で効果的。今回の取材で一番驚いた方法でした！　今では自分なりにアレンジして実践しています。集中して考えたいことをメモしておいてから、目を寄せるんです。すると雑念が消えた状態で考えごとに向かうことができるんです。でも外でやるときはご注意を！

モチベUP 18

# 抽象的なイメージでご褒美を設定する

#始める　#続ける　#リフレッシュ

「ご褒美」を用意することがあると思いますが、用意の仕方で、やる気がなくなってしまうこともあります。たとえば「おいしいランチを食べに行く」と設定すると、脳の中で、線条体という部位が活発になりやる気になります。しかし、線条体でつくられたやる気は、その作業を達成した途端になくなってしまいます。

それに対して、**「ご褒美の先にあるいいこと」という抽象的なイメージでご褒美を設定する**と、前頭前野外側部という領域が働きます。たとえば、ランチを食べることで「リフレッシュできる」「〇〇さんとの会話で視野が広がる」などです。すると、そのイメージに関連することはすべてご褒美になり、目の前の作業だけでなく、別の作業もやる気になって、達成してもやる気が継続します。

ぼくが実践してるのは「行ってみたかった飲食店に行く」です。よく行っているお店ではなくて、おいしいかもしれないという、発掘的な喜びを求めるようにしています。これだと喜びが枯れずに続くんです！　ただ問題なのは、好みじゃなかったとき、ショックで元気がなくなります。

# モチベUP 19

## お尻を締めて膝立ちする

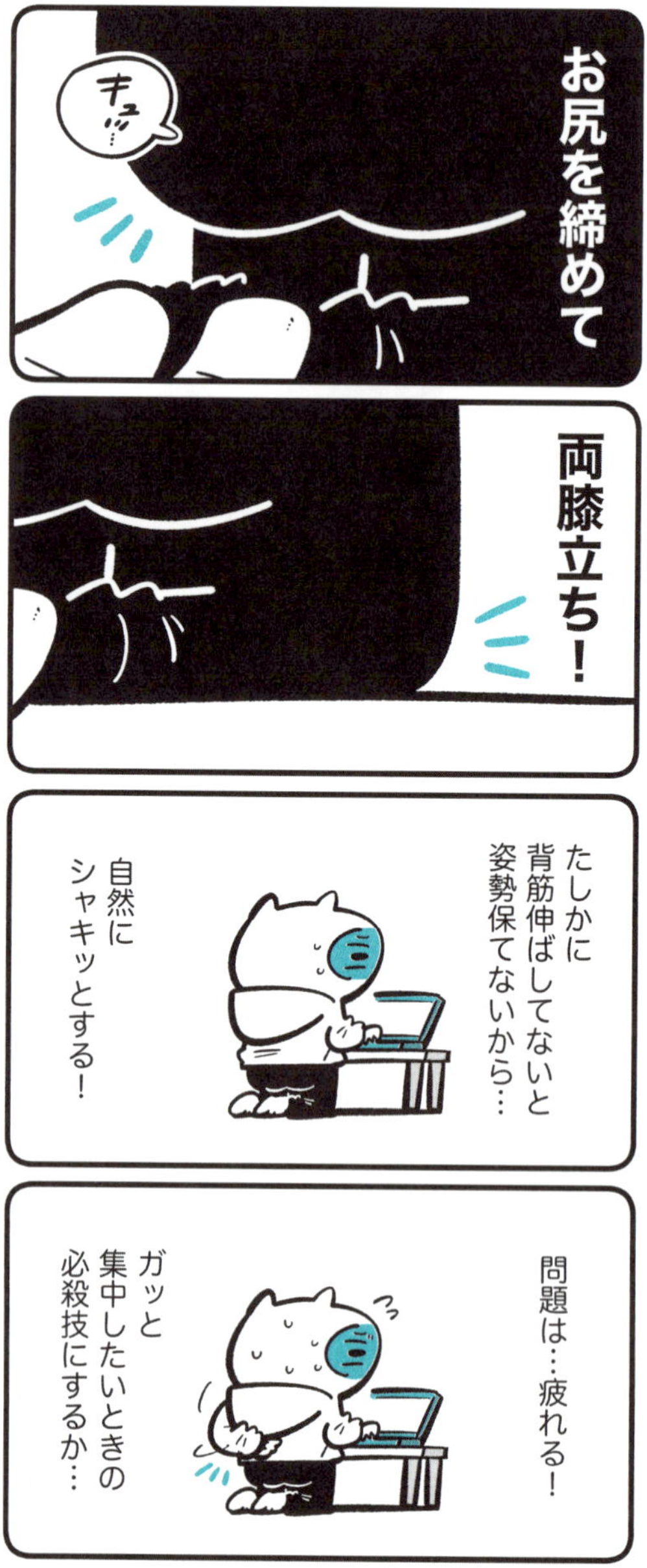
お尻を締めて
キュッ…
両膝立ち！
たしかに背筋伸ばしてないと姿勢保てないから…
自然にシャキッとする！
問題は…疲れる！
ガッと集中したいときの必殺技にするか…

#集中する　#リフレッシュ

ぼーっとした脳をシャキッとさせるには、「姿勢」をよくする筋肉が役立ちます。重力に対抗して身体を起こす「抗重力筋」がしっかり働くと、脳の覚醒度は高まる仕組みになっています。

そこで、「膝立ち」を試してみてください。立ち作業だと重心が偏ることもありますが、**両膝立ちだと、自然に背筋が伸びます。**すると、頭がシャキッとして、びっくりするほど雑念が消えると思います。膝立ちがつらかったり、オフィスやカフェにいたりするときは、椅子に座ったままお尻を5秒ぎゅっと締めるだけでも効果的です。足を組んだり姿勢を崩したりすることができなくなり、無理なく脳の覚醒度を高めることができます。

パソコンに向かってると、いつの間にか背中が丸まってるので、思い出したらするようにしています。膝立ちだけじゃなくて、散歩中もたまにお尻を締めてモデル歩きをしたりします。想像よりも気持ちよく歩くことができるんです。不審に思われてるかもですが……。

モチベUP 20

# 自分に「今日どんな感じでいく？」と質問する

#始める　#集中する

すぐに動き出せないときは、脳が、自分の脳と身体の状態を把握できなくなっています。そんなときは、**自分の脳を客観的な視点で見る「メタ認知」を使いましょう。**

メタ認知の機能は、今を把握するモニタリングと、それを操作するコントロール。この機能を働かせる言葉が、「今日どんな感じでいく？」です。

自分に質問をすると、メタ認知により、過去の記憶から「あのときに似ている」「こんな感じで動こう」と、動き出す材料が見つけられて、それをもとに身体に動きを命令することができます。さらに「何分でやる？」「何行書く？」など、時間や作業量を問うと、より具体的な材料が見つかり、行動の精度が上がります。

ぼくは普段からものごとをネガティブに考えるクセがあるので、この問いはモヤモヤに対して、すごく冷静に向き合えていいなと感じてます。どんな感じでいくかを考えているときは、いい悪いの判断なく、今の自分がしたいことに集中できるんです。大切にしたい問いです。

Column2

# モチベーションの上がるおすすめアイテム②

## New Balance のランニングシューズ

「運動したいけどめんどくさい……」が続いていましたが、形から入るタイプなので、このシューズを買ってからは積極的に散歩に行くようになりました。あと、「買ったからには歩こう」というもったいない精神も発揮してると思います。軽くていい感じです！

## タンブラー

いつもは決まった缶コーヒーを飲んでるんですけど、「最近焦ってるかも」と感じたらあえて時間をゆったり使って、コーヒーメーカーでコーヒーを淹れて、タンブラーで飲むようにしています。いつもより少しだけゆとりを持つにはちょうどいいんです。

## Mnemosyne のノートと 800 円のジェットストリーム

普段なら 100 円ショップで済ませちゃうペンとノートを、ちょっといいの買ってみました。やっぱりいいノートだと、気持ち丁寧に書こうと思うし、心なしか描き心地も気持ちよく感じます。おかげでスマホのメモより、ノートに書く機会が増えました。

# Part 3

## 30秒でモチベーションを上げる方法を

ブックデザイナー・習慣家

# 井上新八さんに聞いてみた！

ブックデザイナー・習慣家。1973年東京生まれ。和光大学在学中に飲み屋で知り合ったサンクチュアリ出版の元社長・高橋歩氏に声をかけられたのをきっかけに、独学でブックデザイン業を始める。大学卒業後、新聞社で編集者を務めたのち、2001年に独立してフリーランスのデザイナーに。自宅でアシスタントもなくひとりで年間 200冊近くの本をデザインし、ベストセラーを数多く手掛ける。趣味は継続。仕事や読書、趣味の写真、映画、ダンスなど、あらゆるタスクを習慣化する。著書に『「やりたいこと」も「やるべきこと」も全部できる！　続ける思考』（ディスカヴァー・トゥエンティワン）がある。

# モチベUP 21

## 本気でスマホを磨く

キュッ…
キュッ…
カバー外すの久しぶり…
うわっ
汚なっ…
ピカー…
作業から一旦離れて
頭が休まるだけ
じゃなく…
身の周りが整うと
シンプルに
テンション上がる!
うっしー!!
布団をきれいに
たたむとか
靴をきれいに
並べるとか

#始める　#リフレッシュ

いいアイデアが出ないときや気分が上がらないとき、私がよくやるのは「どこか1ヶ所をひたすら磨く」。**磨くことに集中すると、いつの間にかモヤモヤや考えごとがなくなって、頭がクリアに。**瞑想のような効果が得られます。

手軽に磨けるのはスマホやリモコン。私は仕事部屋にウェットティッシュを置いてすぐ手に取れるようにしていて、昨日はWii Uを、今日はガスコンロを磨きました。行き詰まりすぎですね（笑）。めんどうに感じる人も多そうなトイレ掃除も、脈絡なく始めるとストレスにならず心が落ち着くのでおすすめ。気分も部屋もスッキリさせることができて、一石二鳥です！

ぼくがこの方法で好きなのは、トイレ掃除も布団をきれいにするのも、それが目的になるとめんどくさくて「ま、いっか」で見過ごしてしまうのに、仕事の気分転換でならやれてしまうというポイントです。宿題するのがイヤで部屋の片付けをしていた学生時代を思い出しました。

# モチベUP 22

# 「今日やりたいこと」を5つ書き出す

#始める

私は毎朝デスクにつくと、**仕事、家事、プライベートごちゃまぜで「今日やりたいこと」を書き出してから仕事をスタート**します。1日の始まりにエンジンをかける楽しい儀式です。仕事の予定は書かず、「お昼は〇〇を食べる」「仕事後に映画を観に行く」などワクワクする予定だけでもいいかもしれません。5つ以上あるなら全部書いてもいいですし、ToDoリストではないので忘れてしまってもOKです。

余裕があれば、翌朝に答え合わせもしてみてください。私は、できたものには5点満点で点数をつけて、できなかったものには×をつけています。「できなかった＝ダメ」ではなく、あくまでゲーム感覚で。記録した方が楽しく続けられますよ。

「平日は仕事」＝「しんどい日」のように思ってしまってたんですけど、たしかに平日にも仕事以外の「やりたいこと」「ワクワクする楽しみ」はあっていいはずですもんね。それが5分のことでも、あれ食べようでも。楽しみがあるだけで、1日の輝きって変わるんだなと思いました。

モチベUP 23

# 財布の中のレシートを整理する

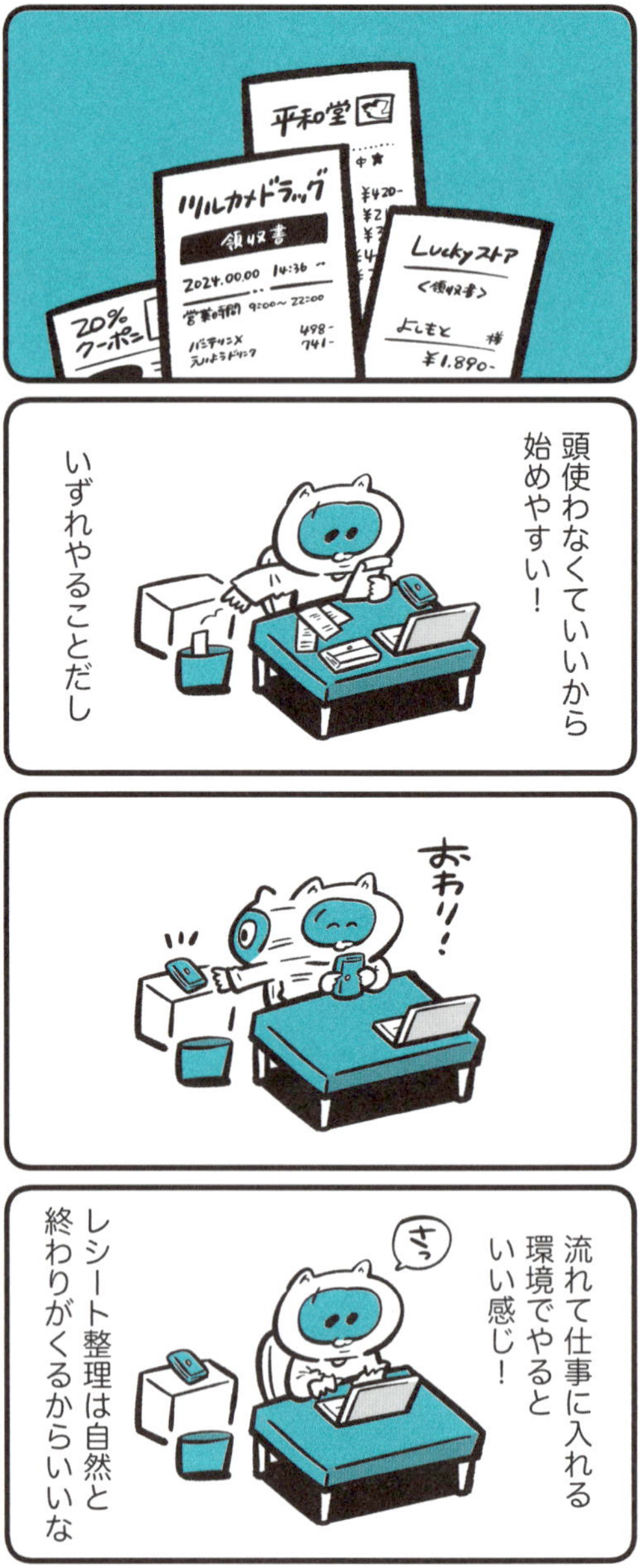

平和堂
ツルカメドラッグ
領収書
2024.00.00 14:36
営業時間 9:00~22:00
Luckyストア
<領収書>
よしもと 様
¥1,890-
20% クーポン
頭使わなくていいから始めやすい！
いずれやることだし
おわり！
流れて仕事に入れる環境でやるといい感じ！
さっ
レシート整理は自然と終わりがくるからいいな


#始める

毎朝「今日やりたいこと」を書き出したあと、必ずやるのが「レシートの整理」。私はフリーランスなので、確定申告のために経費の領収書を定期的に整理しなければいけません。ためるとあとでめんどうになるからという理由もありますが、それ以上に、**仕事を始める前に「頭を使わない単純作業」をサクッとこなす**と自然にエンジンがかかるんです。

頭を使わない作業であれば、別のことでもいいと思います。メールや名刺の整理、簡単な資料集めなど、仕事に関わることならなおよし。朝のうちにタスクがひとつ片付いて、気分よくスタートダッシュすることができます。

準備体操のように、いずれやらねばならないことを消化できるってのがいいですよね。これをやって思い出したのが、以前観葉植物を育てていたときは、仕事前に水をあげるという習慣があったことです。ひとつ終わると、次のスイッチが入る。そんな連鎖をうまくつくるのがいいのかもです。

## モチベUP 24

# とりあえずフォルダだけつくっておく

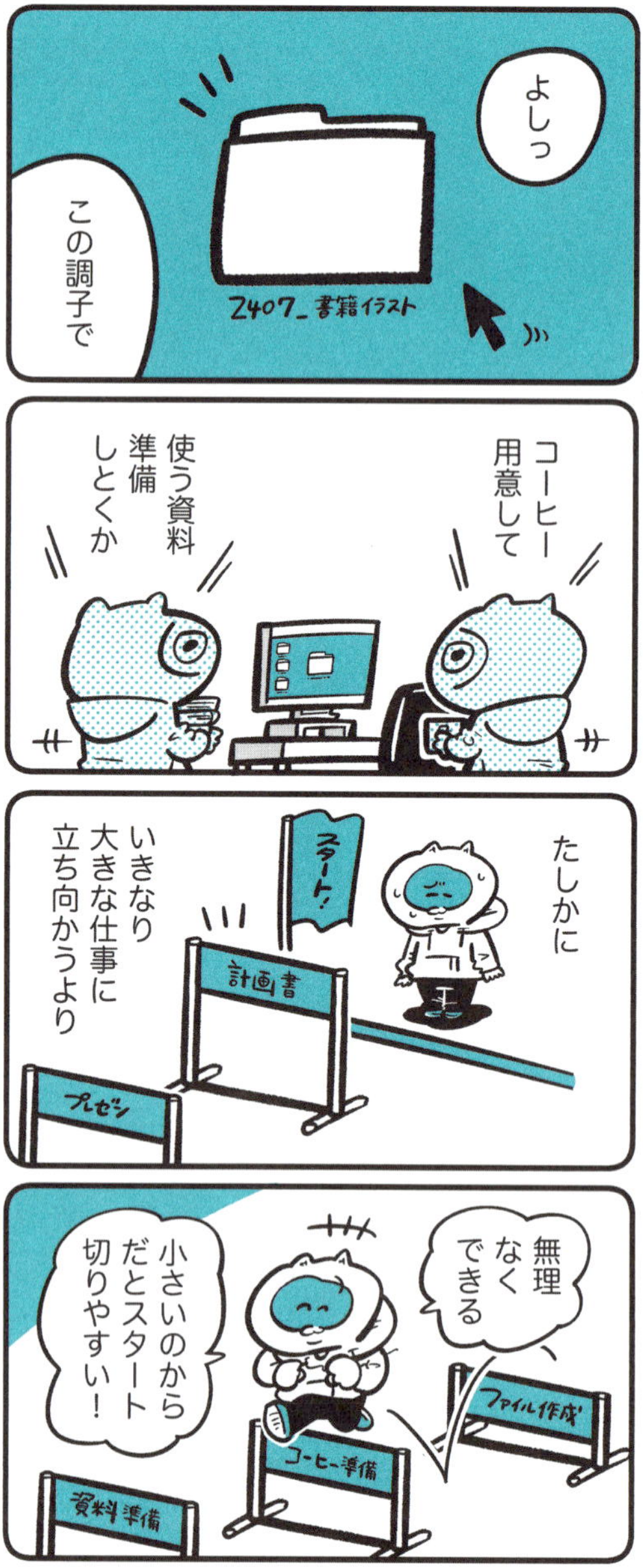


#始める　#集中する

仕事はやり始めるまでがとにかく大変。「なるべく仕事をしたくない……」「仕事しなきゃと思うほど腰が重くなる」というのは私だけではないはず。そのハードルを下げることだけを考えて身につけた方法が、**「仕事の最初の一歩だけやってみる」**。

私の場合、とりあえず案件名のフォルダをパソコンにつくるところから。それなら数秒で終わるし、やる気もいらない。それでいて「仕事をしてます感」が出る！　そこから関連資料を入れて、ファイル名を変えて……やっているうちに、脳が騙されるのかいつしか仕事モードになっています。翌日の自分の腰を少しでも軽くするために、前日にフォルダだけつくっておくことも。

気分や体調に合わせて、なにするかを組み換えればいいんだと気づきました。ぼくの場合、「漫画の構成を考える」と「なにも考えず清書する」の2つの段階があるんです。なので最近は頭が疲れたら清書、元気なときに構成を。うまくいかず「あああ」ってなる時間は減りました！

モチベUP 25

# 返事を考える前に「返信」ボタンを押す

うっ…
めんどくさいから明日に回そうかな…
編集・鶴田さん
修正 お願いします!
変更
色変更
変更
じゃなくてとりあえず…
返信文だけ打ってみるか
返信
カタカタ…
うーん…
編集・鶴田さん
修正 できました!
ここまできたらもうパパッとやっちゃうか
後回しする気持ち悪さの方が大きいや
修正 できました!

#始める

企画書を提出したり、アイデアを求められたり、教えを請われたりといった「考える作業」はめんどくさくて、テンションも上がらないですよね。そんなとき私は、送る相手へのメールをとりあえず書き始めてしまいます。**企画書なら、メールを書きながら企画書の内容を考える、**という感じ。「企画書をつくろう」と思ってやっていないので、めんどうな気持ちが薄れてスムーズに進められるんです。

ごはんをつくるのがめんどうなときも、先に食器を並べ始めるとうまくいくことがありますが、これもおそらく似たような効果。「めんどくさい」に負けそうなときは、ぜひゴールから始めてみてください。

これは完全に盲点でしたが、たしかにゴールから準備すると、自然とゴールに向かっていきました。ゴールするイメージが湧いたり、あとどれぐらいで終わるのかの予測が立つからだったりするのかも。ぼくは脳内でZARDの『負けないで』を流しながら返信メールを準備しています。

モチベUP
26

# 忙しいときほど丁寧にチェックする

本気の
指さし
チェック!
これはほんとそうで…
今まで確認を怠って
迷惑かけたことも
無駄なやり取り
してしまったことも
本気の
二重
チェック!
この時間をケチるだけで
何倍にもなって
返ってくるからな…

#集中する　#続ける

忙しいときに急いでデザインの修正作業をすると、修正漏れやミスがあって差し戻され、かえって仕事が増えることがあります。「忙しいから効率よくやろう」と思うあまり注意が行き届かず、結局は手間もイライラも増えて非効率。のちのモチベーション低下の原因にもなりかねません。

だから私は、**「忙しいときほど丁寧に」を徹底。**修正作業なら、終わったあとに30秒だけでもしっかり見直す時間を設けて、二度手間を防ぎます。丁寧な仕事の積み重ねは、自分の心の余裕やモチベーションだけでなく、仕事相手からの信頼にもつながります。「忙しい中で自分を取り戻す」効果もあり、どんなに大変でも意識しています。

メールで先方を呼び捨てにしてしまったり、ファイルを添付し忘れたり。今まで何度「めんどくさい」が何倍にも膨れ上がって返ってきたことか。でも、30秒なら「ま、やっとくか」と思えませんか？　ぼくはギリギリやろうと思える、ちょうどいい時間だなと感じています。

モチベUP 27

# すぐやめるつもりで手をつける

#始める　#踏み出す　#続ける

新しいことを始められない、続けられない理由は、「時間がないから」が大きいと思います。たとえば読書を習慣化させたい場合、いきなり「1冊読み切る」と大きな目標を掲げても、時間はないし気が重いしで、なかなか達成できないかもしれません。

おすすめは、**続けられるサイズで、いつやるか決めて実行**する方法。読書なら、「30秒で読めるところまで」を「毎日お昼を食べたあと」に読む、などです。「いつやるか」は時間ではなく、自分が日常的にしている具体的な行動とセットにして決めるのがコツ。一連の流れがルーティンとなり、自然に継続できるようになります。慣れてきたら、無理なく続けられる範囲まで時間を徐々に延ばしていきましょう。

今まで幾度となくダイエットに失敗してきたのは、やる前から「1ヶ月で10キロ痩せる」「毎日30分走る」「腹筋50回」と高い目標を掲げていたからだったんだなと気づきました。まずは物足りないぐらい低く、そこから無理なく上げていく。読書以外にも使えますね。

モチベUP 28

# 「続けていること」をコレクションする

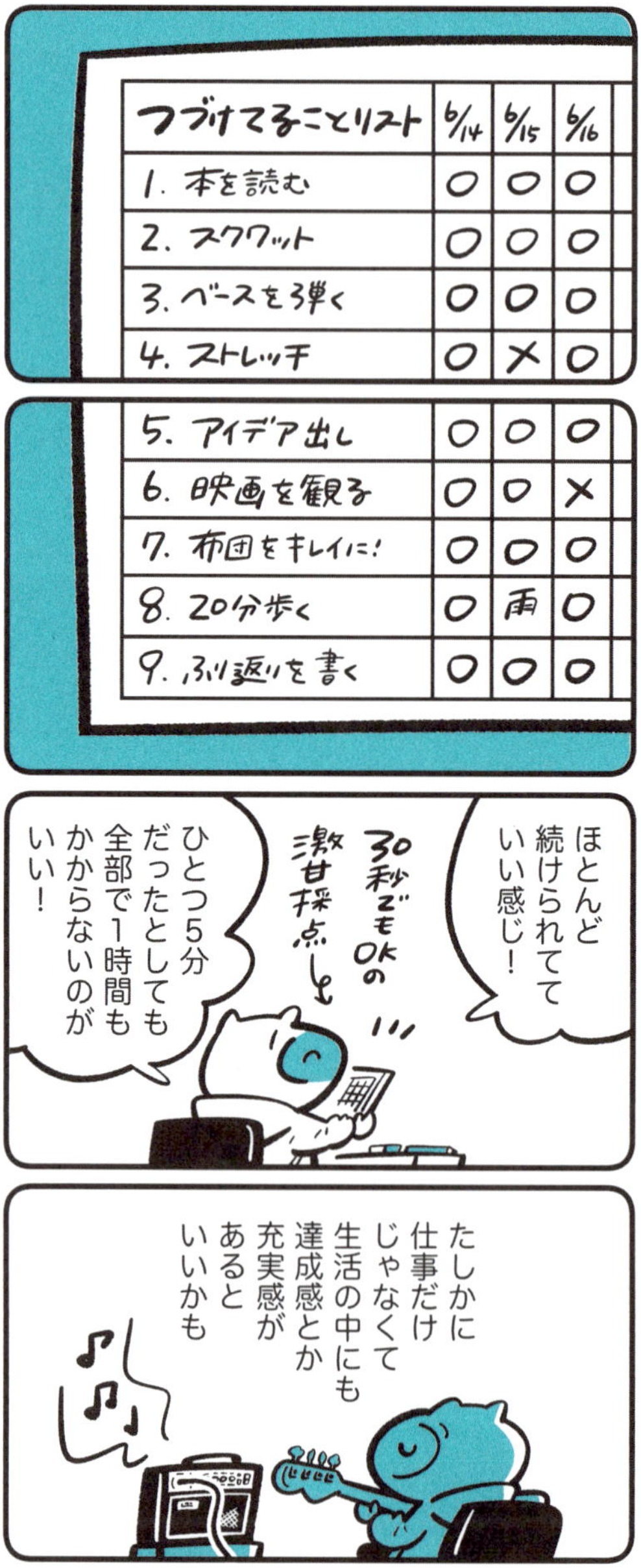

つづけてることリスト 6/14 6/15 6/16
1. 本を読む ○ ○ ○
2. スクワット ○ ○ ○
3. ベースを弾く ○ ○ ○
4. ストレッチ ○ × ○
5. アイデア出し ○ ○ ○
6. 映画を観る ○ ○ ×
7. 布団をキレイに！ ○ ○ ○
8. 20分歩く ○ 雨 ○
9. ふり返りを書く ○ ○ ○
ほとんど続けられてていい感じ！
30秒でもOKの激甘採点
ひとつ5分だったとしても全部で1時間もかからないのがいい！
たしかに仕事だけじゃなくて生活の中にも達成感とか充実感があるといいかも


#続ける

漫画やゲーム、レコード、グッズなど、趣味でコレクションしているものはありませんか？　なにかを「続ける」こともまた、コレクション化することでグッと楽しくなり、継続する意欲が生まれます。

たとえば「毎日スクワット10回」を続けたい場合。**できた日は○を、できなかった日はその理由を、カレンダーに書き込みます。**○がたくさんつけばうれしいし、やらない日があってもカレンダーに記録さえすれば、継続の第一歩は達成できたも同じ。

本来、スクワットの成果はある程度時間が経たないと見えてきませんが、それを記録して可視化することでモチベーションを高める、という方法です。

『すぐやめるつもりで手をつける』（P78）と同じく、30秒だけでもやろうと考え方が変わったおかげで、時間がないからできないと諦めていたことも、これを機に始められました。ぼくが今、コレクションしている「続ける」は全部やっても1時間。それで充実感はたくさん。焦らず自分のできるペースを意識して続けようと思っています。

## モチベUP 29

# 別の習慣とセットにしてやる

SNS見るついでにいいアイデアにつなげるぞ…
リンゴ坊主
今年の暑さは100年ぶりの記録更新なんだって!
松村
無印のカレーおいしい〜!
……
まずはいい記事をブックマークするとこからやってみるか
ーというわけで
今はこんな段階でやってます
レベル1 収集する
レベル2 感じたこと書いてみる
レベル3 アイデアを出してみる!
習慣になってから楽しくなりました

#始める　#続ける

私は月に一度、某出版社に本の企画の提案をしているのですが、アイデアというものは急に降ってはきません。日頃からインプットしたり考えたりしておくことが大事だとわかっていても、忙しさやめんどくささに負けてつい後回しに……。

そこで私がやっているのが、**SNSを見るついでに企画を考える**という方法。私は毎朝SNSやネットニュースを見る時間をつくっていて、その習慣とセットで企画になりそうな記事をメモするようにしています。単にSNSを流し見するより、企画を探す頭で情報と向き合った方が有益ですし、企画のためと思えば少しくらい長く見てしまっても罪悪感なし（笑）。SNSを見るだけなので、わざわざやる気を出す必要もなし。毎朝の新しい習慣になりました。

ポイントは欲を出しすぎないこと。これは自分に言ってます！「ついで」に何個もおいしい思いをしようとすると、時間をかけてしまったり、ハードルを上げてしまったり。本末転倒になることがよくあるんです。あくまでも「ついでにラッキー」なことを忘れないように！ 自分へ。

## モチベUP 30

# やったフリだけする

身体重い ウォーキング 重い…
でも ひとまず
着替えて
靴履いたらー
「なにもしない」よりはよし…!
やりたい気持ちは表現したぞ……
そうだ! 気持ちはある! 今日は動けなかっただけで…
明日は今日より動いてみる!

#始める　#続ける　#折れない

ここまでいろんな方法を紹介してきましたが、毎日生きていれば、ど〜〜してもやる気が出ない日だってあると思います。そんなとき私がするのは「やったフリ」。ジョギングなら着替えるところまで、掃除なら掃除機をもつところまでやって、おしまい。そこまでやると、意外と始められてしまうことも多いのですが、できなくても無理はせず、むしろやろうとした自分を褒めます。

習慣化の最大の敵は、「やらない」こと。一度でもやらなければ、「今日はいいや」「少しくらい休んでもいいや」と結局やらなくなってしまいます。それに比べたら、**たとえフリでもやろうとしただけで100点満点。**また明日がんばればOKです！

「やったフリでもOKって自分を許せないからしんどいんだよ……」って思ってたけど、井上さんの話を聞いて、改めて考えてみると「続けたい」って気持ちが大事なのかもと思えたんです。「続けたい」に身体がついてきたタイミングで。週1でも月1でも。それでもいいんだなと。

# 80の方法を教えてもらった今の1日

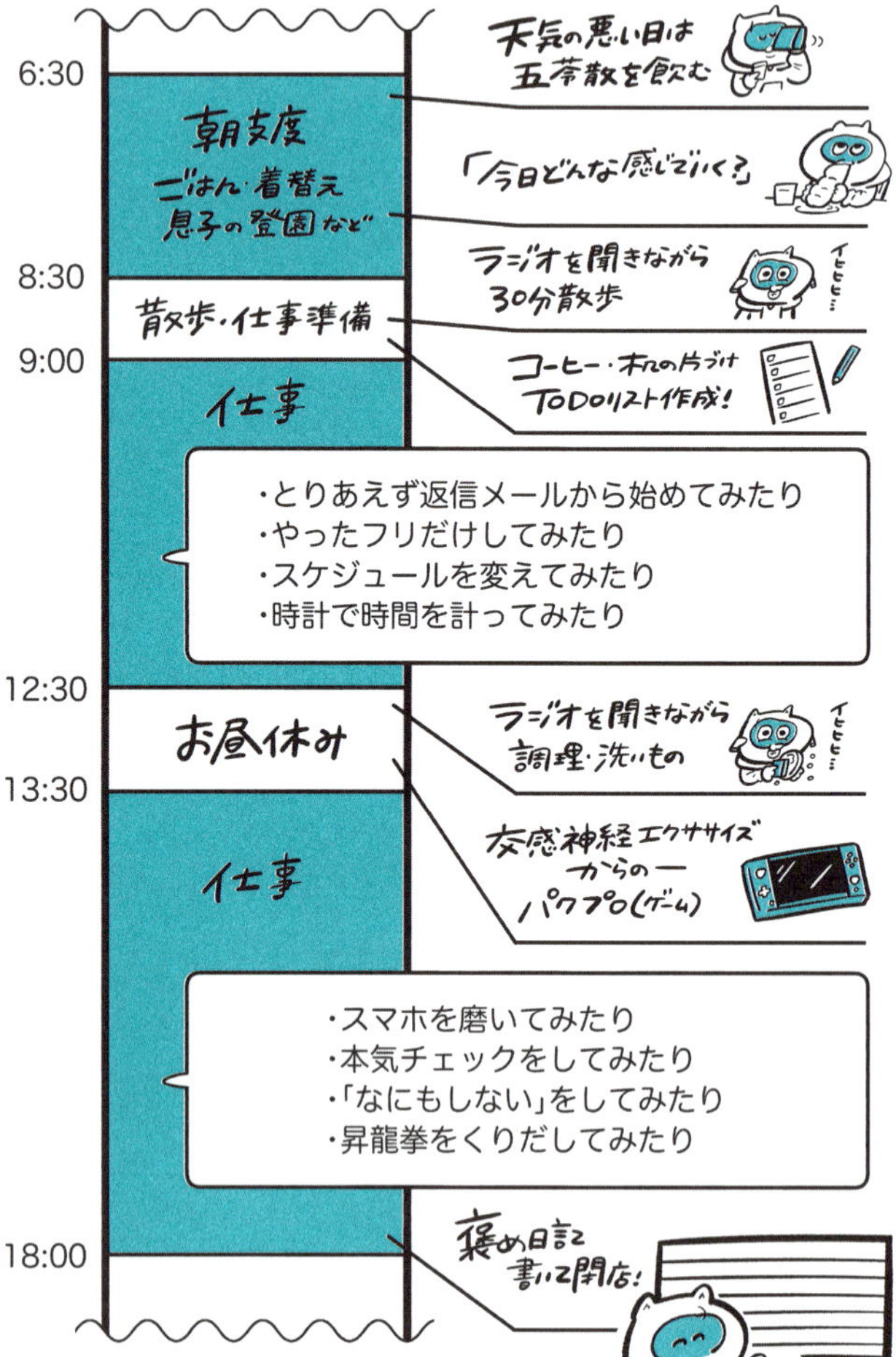

ぼくの平日はこんな感じで、教えてもらった
方法をたくさん詰め込んでます！
もちろんなにもやらない日もあります！

# Part 4

## 30秒でモチベーションを上げる方法を

声優

# 佐々木望さんに聞いてみた！

声優。『幽☆遊☆白書』浦飯幽助、『AKIRA』鉄雄、『銀河英雄伝説』ユリアン、『機動戦士ガンダム 逆襲のシャア』ハサウェイ、『MONSTER』ヨハン、吹替『ビバリーヒルズ青春白書』デビッドなど多くの作品で主要キャラクターを担当。英検1級、全国通訳案内士資格をもつ。仕事をしながら独学で東京大学文科一類を目指し、2013年に合格。休学期間を挟みつつ声優業と学業を両立し、2020年に東京大学法学部を成績優秀者として卒業。著書に『声優、東大に行く　仕事をしながら独学で合格した2年間の勉強術』（KADOKAWA）がある。

# ドタキャンしちゃう自分を許す

#始める　#続ける　#リフレッシュ

1日のスケジュールやタスクを書き出すと、大切なことを忘れずに効率よく動けますよね。ただ、「絶対このとおりに進めなきゃ」と思ってしまうと、予定どおりにできなかったときに「自分はなんてダメなんだ」と落ち込んだり、自分を責めたりしてしまうかもしれません。

でも、一度決めたことだからといって、変えてはいけないという決まりはありませんよね？　気分や体調だって日によって違います。状況と自分の心身に合わせて柔軟に変えていく方が、結果的に効率もよかったりします。無理をせず、自分に優しく、**ときには自分を甘やかしてあげると、心身も健康で「やる気」が続く**と思います。

やってみて思ったのは、1日の終わりに「予定変更してやったこと・よかった点」を書いてみるだけでも救われる気がしたということでした。たとえば「1日寝たおかげで、身体は休まった」とか。これだけで意味のある予定変更だったなって思えたんです。予定は予定。変わってもいいんですよね。

モチベUP 32

# 失敗の定義を変える

今までー
失敗するのがこわくて挑戦からずっと逃げてきたけど
コーチング資格試験
たしかに自分でやめない限り「失敗」はない
1回落ちてもまた挑戦すればいいもんね
もし年齢や体力など制限で挑戦できなくなったとしても…
30代の方はこの先行けません
きっとなにか意味はあるはず！だからこわがらずやってみよう！
コーチングガイドブッ

#踏み出す　#続ける　#折れない

失敗がこわくて挑戦から逃げたくなることが、時にあるかもしれません。でも「失敗」ってなんでしょうか。試験で不合格になること？　仕事で成果を出せないこと？

今年の試験で合格できなくても、来年に向けて勉強を続けるなら、それは失敗ではありません。挑戦を続けているのは「成功に向かう途中」にいるということです。くじけそうになったら、一度中断して休んでもいい。**やめない限りは「成功への道」の途中**です。

もちろん、事情や気持ちが変われば、「やめる」という選択もアリ。〝やめる〟決断も、次の挑戦に向かう決断なので〝失敗〟ではありません。休むのもやめるのも、自分の人生なのだから自分で決めていいんです。

お笑い芸人のティモンディ高岸さんの言う「やればできる！」も、この話と同じく真理だなと思ってたんです。やめない限り「できる／成功する」可能性はなくならないんですよね。それがわかったうえで、やめるのは「失敗」じゃなくて「挑戦したいことが変わっただけ」だと思います。

モチベUP 33

# 「役に立つ／立たない」の判断を脇に置く

サニ楽器
ギター・ベース ドラム・キーボー 管楽器 など
今から また楽器の練習しても 役に立たないと 思ってたけど…
漫画を描き始めた 10年前は一
「面白そう！」だけで始めたのに
結果的に今 職業にすることができてる
何をするにも やる気がでないので モチベーションを上げる方法
すごい8人に聞いた！ サクッと読めて効果絶大
あした死のうと思ってたのに
なにが役に立つか なんて
ブンブン…
わかんないから 「面白そう」って 気持ち大事にしよ

#始める #踏み出す

「役に立つかどうか」という判断基準は曖昧です。誰にとって、いつどんなふうになれば「役に立った」といえるのでしょう。先のことは誰にもわかりません。「役に立たないからやらない」という態度は、人生が広がる可能性を手放すようなものです。

私が40代で大学受験をした動機は、「役に立つ」と考えたからではなく、大学で勉強したかったからです。大学での出会いや学びを通して得た経験で、人生は大きく変わりました。**なにかを始めるのは、人生に「点」をひとつつくるということ。**点と点は、いつかつながって線になり、さらに先へと伸びていきます。やってみたいと思う自分の気持ちを大切にして、これからも「点」をつくっていきたいです。

思い返してみると「役に立つかも」と思って始めたことほど、すぐに手放しているような気がします。ジムとか。なので、役立つかどうかを判断するのはやめました。それに「役に立てたい」と思うとハードルも上がるので「面白そうかどうか」を基準にすることにしました。

モチベUP 34

# 仕事中に、落書きをはさむ

お仕事のマンガ
疲れたから一旦落書きでもするか
さ
仕事に戻ろ
あれ…さっきの　に比べて絵が固い…
力入りすぎてたんだな…そりゃ疲れるわ
もともと好きで描いてるんだから
肩のチカラぬいてこーっ
原点回帰で楽しんでやるぞ


#続ける　#リフレッシュ

勉強や仕事に疲れたとき、**おすすめの気分転換は、合間に「好きな作業」をはさむこと。**楽しいと思えるタスクがあれば、それをすることが息抜きになりますし、勉強や仕事が終わったときにそのタスクも進んでいたり終わっていたりして、おトクです。

私の受験勉強時は、苦手な歴史の勉強の合間に英語や数学をしていました。勉強の息抜きに勉強というのは変かもしれませんが、英語と数学は好きなので、いい気分転換になりました。苦手なことを続けてストレスを感じるよりは、楽しいことをはさんだ方が気持ちのメリハリもついて長続きしやすいんです。机に向かうこと自体に飽きたらスッパリやめて休んだり遊んだりすることも、長く続けるためには大切です。

絵を描くのが好きな人に多いんです。息抜きにまで絵を描く人。でもわかるんです。お仕事の絵だと肩に力が入ってたりするんで、力の抜けた絵を描きたい気持ちが。そこでプレッシャーに気づいて原点に返れることも。「好き」を身近に用意しておくのもいいかもですね。

モチベUP 35

# お気に入りの道具を使う

#始める

どうしてもモチベーションが上がらないときは、「形」から入ってみてはどうでしょうか？　**自分の好きな道具や環境を用意して気分を盛り上げる**んです。
私は万年筆オタク。日本語を書くとき、外国語を書くとき、数式を書くとき……など、シーンによって万年筆やペン先を使い分けて楽しんでいます。「自分は今、この万年筆を使いたいがために仕事をしているのでは？」と思うこともあるくらい（笑）。
部屋の居心地も大切です。書斎の椅子は「アーロンチェア」というワークチェア。人間工学に基づいた設計のため、座りごこちが快適で作業がしやすいんです。見た目もカッコよくて、つい座りたくなり、座るついでにスムーズに作業を始められます。

いつの間にか仕事が中心で生活が回ってる……なんてこと、よくあるんです。でも使いたい道具や行きたい店を中心に回してみてもいいんじゃないかと思えました。それだけで日々楽しみが増えますもんね。ぼくはペンとタンブラーを買いました。デスクに向かうだけでテンション上がります！

## モチベUP 36

# あえて「一日」坊主をすると決める

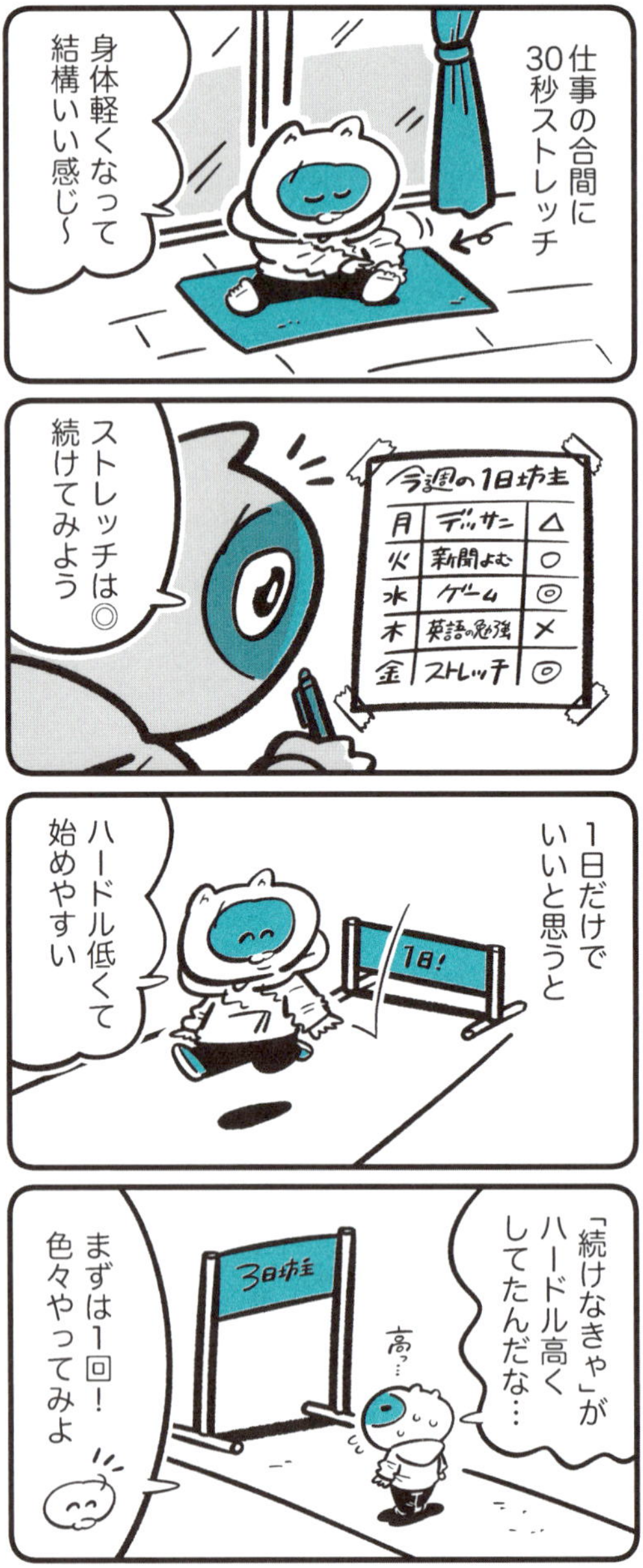


#始める #踏み出す

「続ける」のは「始める」よりも難しいです。でも、「続けられずに挫折したらどうしよう」と思っていると、いつまでも始められないかも。いっそ**最初から「1日だけ」と決めてしまう**のはどうですか？　これなら1日でやめても最初の計画どおりなので「挫折」ではありません。そのうえで、もし続けたければ続ければいいですし。
「いつかやろう」「余裕ができたらやろう」だと叶わないかもしれない。やりたいことはできるだけ早く、まずは気軽に始めればいいと思います。たとえ「三日坊主」ならぬ「一日坊主」で終わったとしても、なにかをやってみた自分は、やる前の自分より経験値が増えています。そこで初めて見えてくるものが、きっとあるんです。

「今日も一日坊主すっか！」これは最近思ってることです。あえて日を積み重ねず、毎日が1日目。そう思えるだけで「継続しなきゃ」って気持ちが薄れて、むしろ「今日もできた！」って喜べるようになりました。言い換えひとつで機嫌がここまで変わるなんて。不思議だけど面白い。

モチベUP 37

# 未来の自分を信じない

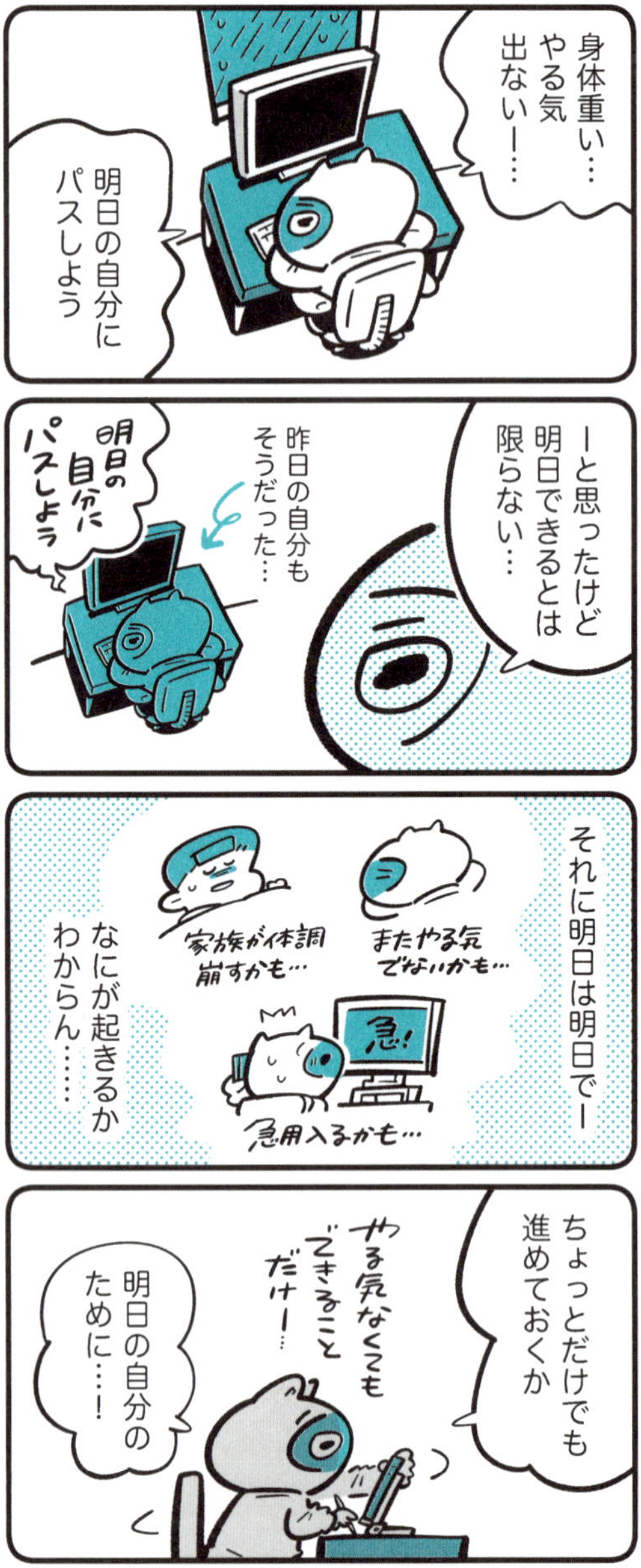


#始める　#続ける

やる気が出ないときや忙しいときは、つい「明日の自分」「週末の自分」に期待して後回しにしてしまいがち。でも、**未来の自分がちゃんとやってくれるとは限りません。**急用が入ったり体調を崩したりして、できなくなる可能性もあります。いろんなリスクを考えると、できることはできるだけ今やってしまうのが確実です。

私も以前は「未来の自分」を過信していました。そして、「未来の自分」にたびたび裏切られました（笑）。「後回しにしてばかりの今の自分」が、明日や週末に「バリバリがんばる意志の強い自分」になっているわけはないんですよね。私はもう、「未来の自分」は自分ではなく他人だと思って、当てにしないようにしています。

グサッと刺さる話ですよね。「明日やろう」を何ヶ月も引きずって、いつの間にか跡形もなくなってるなんてことが幾度となくあったので。それでいいならいい。でも「今」だからこそ熱くなれるものもあったなー、と。そんなことを思い返してみると「さわりだけでも」と動けるようになりました。

モチベUP 38

# 未来の自分に指示書を残す

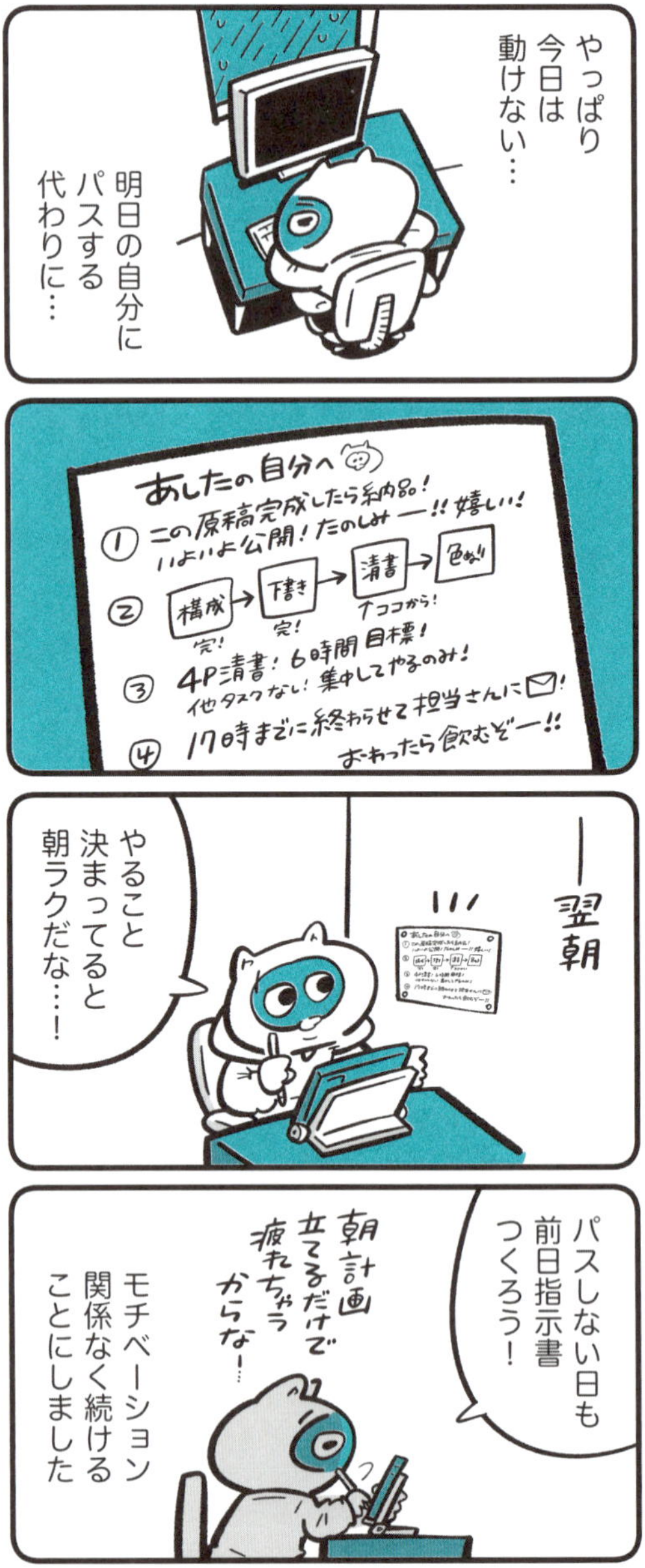


#始める　#集中する　#続ける

「未来の自分を信じない」とはいえ、それでもタスクを後回しにする必要が生じた場合。**未来の自分が行動しやすいように「指示書」をつくる**ようにしています。
指示書は紙でもデジタルでもOK。【①タスクを達成するとどんな状態になるか ②現在どこまで終わっているか、しなくていいことはなにか ③今日の作業はどんな準備が必要で、どんな順序で進めるか ④成果物を誰に宛てていつまでにどんな手段で納品するか】などを書き出して、未来の自分に残します。今の自分が覚えていることでも、未来の自分が覚えているとは限りません。他人に引き継いでもらうつもりで、誰が読んでもわかる書き方をすることがポイントです。

次の日、スムーズに仕事に入れるだけじゃなく、指示書をつくっただけでも「なにもできなくてダメだった」と思うことなく、明日がんばろうと気持ちを切り替えられるのがいいなと感じました。あと、めんどくさがりなぼくは、指示書がめんどくさくて「もう今やっちゃうか」ともなりました。

モチベUP 39

# 凹んだら「ドラマのワンシーン」だと思う

#折れない

声優という職業柄か、普段の生活でもドラマや小説のワンシーンを演じているように感じるときがあります。自分が今、あるシーンの「設定」の中で演技をしていると思うと、ピンチのときにも気持ちを楽に保ちやすくなります。

**なにかうまくいかないことが起きても、「今はこういう設定だから」と思う**んです。そうすると、起きた事実を自分の能力や人格と切り離して捉えることができるので、必要以上に落ち込むこともなく、冷静になれます。起きたことは変えられなくても、自分の受け止め方は変えられるんですよね。うまくいかないときでも、「設定」の中で自分の「演技」を楽しんでみることをおすすめしたいです。

恥ずかしさもあったんですが、ドラマのようにストーリーの流れを考えてみると「この失敗は成功への伏線かも」と、前向きに考えられるようにもなりました。もちろん気持ちの問題ですけど、深く落ち込みすぎず、挽回の可能性を想像してみるだけでも楽になれるんだなと思いました。

モチベUP 40

# 合格体験記や経験談を熟読する

#始める　#踏み出す　#折れない

東大、英検1級、全国通訳案内士などの受験勉強をしていたとき、**まずは「合格体験記」を読む**ことから始めました。「どんな勉強をしたか」「どの参考書を使ったか」という有益な情報を得られたばかりか、自分と同じ目標をもつ人のリアルな話に共感したり励まされたり……。読むだけでモチベーションがどんどん上がっていくんです。世代・境遇・価値観などが自分と似ている人の体験記は、「ちょっと先にいる自分」からのアドバイスのように感じられます。その人になったつもりで、やり方をマネしてみるのもいいかもしれません。勉強に限らず仕事でも、先達の手記や談話を読むとやる気が高まるし、リアルな経験談から得られるものは多いです。

今うまくいってる人も苦労してきたんだなーなんて感じられると、もっとがんばろうと思えたり、案外自分もいい感じに進めてるのかもって実感を得たりすることもできました。比較してどっちが上とか下ってことじゃなく「こんな道もあるんだな」と、参考になることも。

Column4

# 役に立つかわからないけど、始めてみた話

佐々木望さんの『「役に立つ／立たない」の視点を脇に置く』（P92）という話を聞いてハッとしました。

ぼくは昔から時間というものにすごく厳しく、とにかく「無駄な時間」がキライでした。友達との待ち合わせで遅刻されるとイライラして、その日ずっと楽しめなくなってしまうぐらいなんです。

それが自分のよくない部分だと思っていて、最近は少しずつ考え方も改めて、イライラしても気持ちを切り替えられるようにはなってきたものの、それでも「無駄な時間」が気になって仕方ないんです。

なので、ついつい役に立つか／立たないかを天秤にかけて「やってみたい」を、やらずに見過ごすことの方が多い人生でした。でも、佐々木さんの話を聞いて、今自分が絵をお仕事にできてるのは、天秤で決めたものではなく「楽しそう」ってだけで始めたことがきっかけだったことに気づきました。

実は10年前までバンド活動をしていて、ベーシストだったぼくは、バンドの解散を機に楽器を触ることをやめていました。活動の場がなければ、弾いたってなんの役にも立たないだろうと思っていたからです。

でも、ずっと心のどこかでまた時間をつくって、弾きたいと思ってたんです。

佐々木さんの話でそんな気持ちを思い出し、思い切って機材を買って、また弾くことにしました。

どこかで発表する予定があるわけでもない。なにか役に立つかもわからない。けど、弾いてみると楽しくて、懐かしくて、また弾けてよかったなぁとしみじみ感じました。

そのほかにも、ゲームをまた始めたり、やんわりと推し活（日向坂46にハマってます）を始めたり、コーチングを提供する時間をつくってみたり。

挑戦したり、なにも考えず心から楽しめる時間が生活の中にたくさん増えて、毎日が前よりも明るくなった気がしています。

# Part 5

## 30秒でモチベーションを上げる方法を

ディレクター・プロデューサー

# 石井玄さんに聞いてみた！

1986年埼玉県生まれ。2011年ラジオ制作会社サウンドマン入社。「オードリーのオールナイトニッポン」「星野源のオールナイトニッポン」「佐久間宣行のオールナイトニッポン0」などのラジオ番組にディレクターとして携わり、オールナイトニッポン全体のチーフディレクターを務めた。2020年にはニッポン放送へ入社。エンターテインメント開発部のプロデューサーとして、番組関連のイベント開催やグッズ制作などに携わる。2024年に独立し、株式会社玄石を設立。著書に『アフタートーク』（KADOKAWA）がある。

## モチベUP 41

# やらない言い訳をひとつずつ潰す

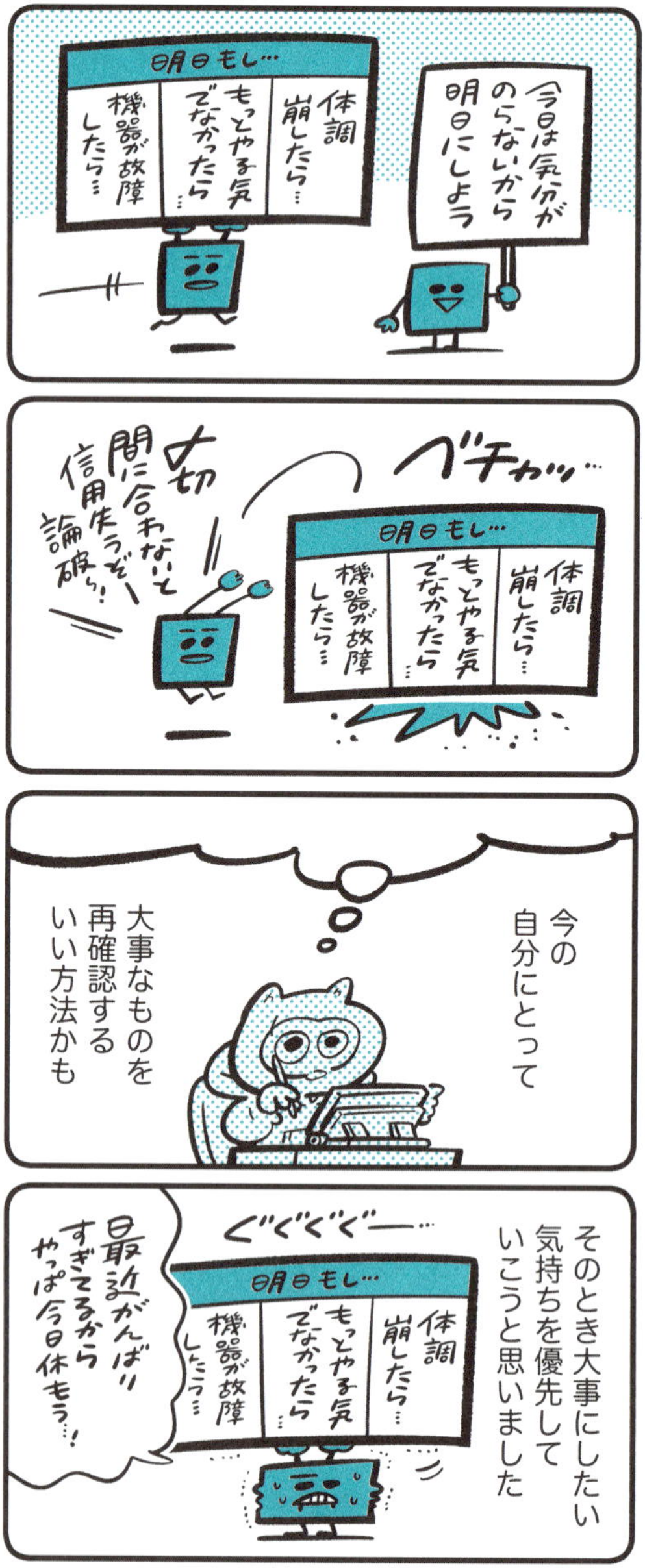


#始める　#踏み出す　#続ける

重い腰が上がらないとき、自分で自分に「やらない言い訳」をしていませんか？ぼくも学生時代はそうでした。そんなときは、**言い訳を一つひとつ潰して自分を追い込み、やらざるを得ない方向にもっていきます。**「今日やらなくても間に合うし」と思ったなら、「明日もし急用が入って間に合わなかったら、信用を失うのは自分」などと論破するんです。

この方法は、部下のモチベーション管理にもよく使います。「時間がない・言われていないからやっていない」という言い訳を先回りして潰すために、締切や内容は明確に伝えておく。上司自ら作業スピードを上げて、やらざるを得ない状況をつくるのも手です。

聞いたときはパワフルだなと思ったんですけど、言い訳を潰そうとしてみてわかりました。少し先の未来の自分を冷静に想像できて、今と未来のどっちに託すのかを選択することができるんだと思います。言い訳に耳を傾けてみると、心からのヘルプだったりすることもある気がします。

## モチベUP 42

# 「やります!」とメッセージを送信する

編集. 鶴田さん
今日18時までに原稿送ります!!
絶対!!!
言ったからには間に合わせたい……
プレッシャーあるけど…
ピロンッ
今日18時までに原稿送ります!!
絶対!!!
!
原稿すごく楽しみにしております! でもお身体ご無理なく!
こういう一言めちゃ元気もらえるー!
絶対間に合わせる!
宣言すると応援してくれる人もいるといううれしい気づきもありました

#始める　#踏み出す　#続ける　#折れない

自分を追い込むもうひとつの方法。それは、**自分が言い出しっぺになって周囲を巻き込み、途中でやめられない状況をつくる**こと。ぼくらの業界では、「なにかをやる」と宣言すると「言質をとった」と言われ、絶対に逃げられなくなります（笑）。

一緒に腹をくくってくれる人を見つけることも大切です。２０１９年に担当したイベント『オードリーのオールナイトニッポン 10周年全国ツアー in 日本武道館』は、オードリーの若林正恭さんと一緒に「やろう」と覚悟を決めたからこそ完遂できた仕事。仲間を誘う場合、その人にも「宣言」してもらうと、やらされ仕事ではなく自主的に取り組んでくれるようになります。

宣言することによってプレッシャーで自分が潰れそうって人は気をつけてくださいね。でも、そんなときも「ピンチです」と宣言してみるのもいいなと思いました。応援だけじゃなく、助けてくれることもあると思います。言わないと気持ちって伝わらないですもんね。言っていきましょ。

## モチベUP 43

# 成果を出している人に仕事量を聞く

#始める　#踏み出す　#続ける　#折れない

オードリーさんしかり、星野源さんしかり、テレビプロデューサーの佐久間宣行さんしかり、ぼくが一緒に仕事をさせていただいてきたラジオパーソナリティはみなさん尋常じゃないくらい多忙。にもかかわらず、ラジオではリスナーを惹きつけるトークを放ち、放送やイベントの企画にもいっさいの妥協がない。**そういう人たちを見ていると、「まだまだがんばれる」「自分もそうありたいな」と刺激をもらえます。**

ぼくらの仕事はチームワークなので、ぼく自身がメンバーにそういう背中を見せることも大切だと思っています。だから言葉でケツを叩くのではなく、チームの誰よりもがんばって働く。「私もがんばらなきゃ」と気づいてくれる方が何倍も効果的だと思います。

「自分ももっとがんばらなきゃ」だけじゃなく「そんなやり方があったんだ！」という工夫の発見もありました。負けると悔しいし、できない自分に虚しくなることもあるけど、今の自分を受け入れて、これからの自分のためにと、いい刺激と工夫をもらっていきたいと思いました。

モチベUP 44

# 「ワクワクする？」と付箋に書いて貼っておく

#始める　#踏み出す　#続ける

## サンクチュアリ出版＝本を読まない人のための出版社

はじめまして。サンクチュアリ出版・広報部の岩田梨恵子と申します。
この度は数ある本の中から、私たちの本をお手に取ってくださり、
ありがとうございます。…って言われても「本を読まない人のための
出版社って何ソレ??」と思った方もいらっしゃいますよね。
なので、今から少しだけ自己紹介させてください。

ふつう、本を買う時に、出版社の名前を見て決めることって
ありませんよね。でも、私たちは、「サンクチュアリ出版の本だから
買いたい」と思ってもらえるような本を作りたいと思っています。
そのために"1冊1冊丁寧に作って、丁寧に届ける"をモットーに
1冊の本を半年から1年ほどかけて作り、少しでもみなさまの目に
触れるように工夫を重ねています。

そうして出来上がった本には、著者さんだけではなく、編集者や
営業マン、デザイナーさん、カメラマンさん、イラストレーターさん、書店さんなど
いろんな人たちの思いが込められています。そしてその思いが、
時に「人生を変えてしまうほどのすごい衝撃」を読む人に
与えることがあります。

だから、ふだんはあまり本を読まない
人にも、読む楽しさを忘れちゃった人たち
にも、もう1度「やっぱり本っていいよね」
って思い出してもらいたい。誰かにとって
の「宝物」になるような本を、これからも
作り続けていきたいなって思っています。

# サンクチュアリ出版の主な書籍

sanctuary books

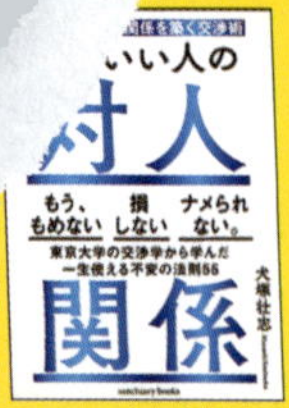

頭のいい人の対人関係
誰とでも対等な
関係を築く交渉術

東大生が日本を
100人の島に例えたら
面白いほど経済がわかった！

やる気のスイッチ

虚無レシピ

貯金すらまともにできていま
せんが　この先ずっとお金に
困らない方法を教えてください！

考えすぎない人
の考え方

相手もよろこぶ 私もうれしい
オトナ女子の気くばり帳

いといとエモし。
超訳 日本の美しい文学

カメラはじめます！

学びを結果に変える
アウトプット大全

多分そいつ、
今ごろパフェとか
食ってるよ。

お金のこと何もわからないまま
フリーランスになっちゃいましたが
税金で損しない方法を教えてください！

カレンの台所

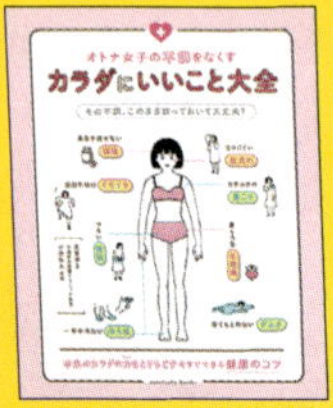

オトナ女子の不調をなくす
カラダにいいこと大全

図解 ワイン一年生

覚悟の磨き方
～超訳 吉田松陰～

読者様限定

# プレゼント

何をするにも やる気がでないので
## 30秒でモチベーションを上げる方法を教えてください…

著者:吉本ユータヌキ

特別無料

特典PDF

著者の吉本ユータヌキ氏による

## 「書籍に載せられなかったモチベーションの話」

**LINE登録するだけ!**

【特典の視聴方法】

サンクチュアリ出版の公式LINEを
お友だち登録した後、トーク画面にて、
**30秒モチベーション**
と送信してください。

LINE

自動返信で、視聴用のURLが届きます。
視聴できない、登録の仕方がわからないなど不明点がございましたら、
kouhou@sanctuarybooks.jpまでお問い合わせください。

# クラブS
## 会員さまのお声

読みやすい本ばかりでどの本も面白いです。

通販が200円OFFで買えるのがお得です。

サイン本もあり、本を普通に購入するよりお得です。

来たり来なかったりで気長に付き合う感じが私にはちょうどよいです。

自分では買わないであろう本を読んで新たな発見に出会えました。

何が届くかわからないわくわく感。まだハズレがない。

オンラインセミナーに参加して、新しい良い習慣が増えました。

会費に対して、とてもお得感があります。

本も期待通り面白く、興味深いものと出会えるし、本が届かなくても、クラブS通信を読んでいると楽しい気分になります。

読書がより好きになりました。普段購入しないジャンルの書籍でも届いて読むことで興味の幅が広がりました。

自分の心を切り開く本に出会いました。悩みの種が尽きなかったのに、そうだったのか!!! ってほとんど悩みの種はなくなりました。

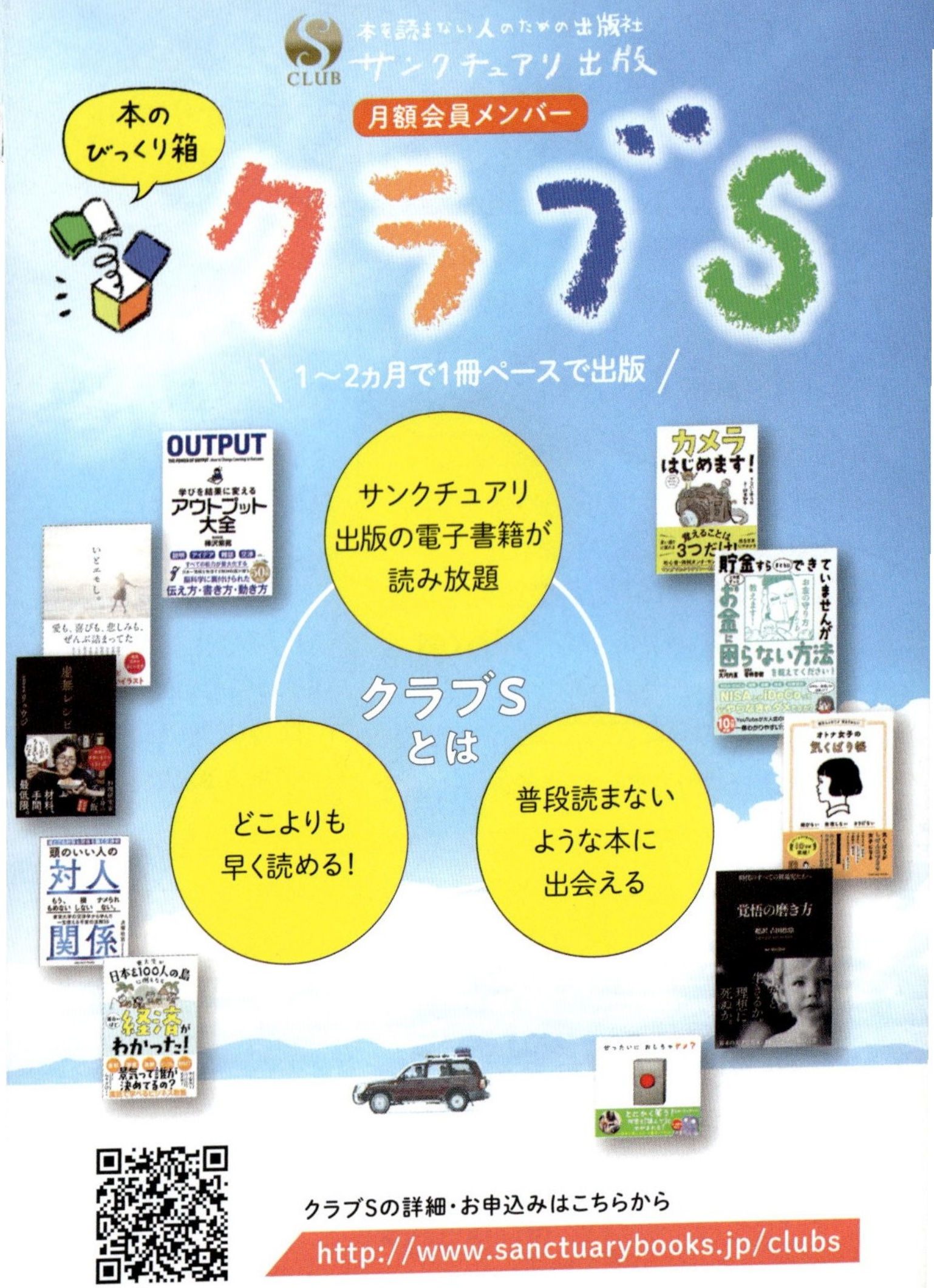
本を読まない人のための出版社
サンクチュアリ出版
CLUB
月額会員メンバー
本の
びっくり箱
クラブS
1～2ヵ月で1冊ペースで出版
サンクチュアリ
出版の電子書籍が
読み放題
クラブS
とは
どこよりも
早く読める！
普段読まない
ような本に
出会える
クラブSの詳細・お申込みはこちらから
http://www.sanctuarybooks.jp/clubs

あなたのモチベーションの源泉はどこにありますか？　ぼくの場合、会社員時代は「ラジオを盛り上げたい」、独立した現在はちょっと視野が広がって「日本のエンタメを盛り上げたい」という想いがモチベーション。

会社員だと、つい「給料」や「評価」など会社からのインセンティブのために働いてしまうことがあります。でも、給料も評価もがんばれば無限に上がっていくわけではない。むしろ「こんなに働いているのに……」とやる気が削がれる原因にもなり得ます。**会社のためよりも、自分がワクワクすることのために働く方が、モチベーションが圧倒的に持続する。**ぼくはそう思っています。

「モチベーションの源泉」はこの本においてすごく重要なものだと思います。「ワクワク」だけじゃなく「家族のために稼ぐ」「旅行に行くため」「組織で働くのが好き」など色々あると思います。「源泉を見つけるため」もあるでしょう。ぼくも30代後半でやっと見つけられました！

モチベUP 45

# 「がんばった先の未来」を想像する

#始める　#続ける　#折れない

ラジオやエンタメの業界には、「いいものをつくりたい」という情熱を秘めた人がたくさんいます。でも、みんながみんな、常にモチベーションMAXの状態でいるとは限りません。

チームのモチベーションがなかなか高まらないとき、ぼくがよくやるのは「未来を想像させる」こと。**「あなたががんばれば、ライブにこういう影響が出てこんなふうに成功する」「あなたががんばらなければ、ライブのクオリティが下がってこうなる」**といった伝え方をして、その人の情熱を覚醒させるんです。この方法は自分自身を奮い立たせるうえでも効果的。仕事をがんばった先の未来、想像してみてください。

わかる～と思いつつも、すごく先の輝かしい未来はなかなか想像し難いと思います。なので、1日先、1週間先と少しずつ進めていくのもいいかと。もしそれでも想像できなければ「どうなるんだろ、この先」という探究心で進んでみるのもいいんじゃないかと思いました。

モチベUP 46

# 不安の中に「メリット」を探す

#踏み出す　#折れない

ぼくは、課題の難易度が高ければ高いほどワクワクするタイプ。2024年2月開催の『オードリーのオールナイトニッポン in 東京ドーム』で製作総指揮を務めたときは、まさにそんな感じでした。会社をやめるときも、準備ゼロで事業内容も決めずに独立。さすがに少し不安になりましたが、次の瞬間には「仕事こなかったら面白いな！」「どうする自分!?」と、不安がいいスパイスになって俄然やる気が出たことを覚えています（笑）。

不安になるということは、「何かしなきゃいけない、やらなきゃいけないことがある」ということ。**不安な状況から脱したい気持ちも行動力につながります。**同じようなタイプの方は、あえて不安な状況に身を置いてみるといいかもしれません。

この話を聞いて、「不安」ならわざわざ立ち向かわなくてもいいのに、それでも検討してみたのは、不安の中に「やってみたい」「がんばってみたい」と思う要素があったからでした。そんな気持ちにも向き合ってみると、踏み出す勇気の温度が上がって、挑戦することができました。

## モチベUP 47

# ミスを楽しむ準備をする

トークイベントにゲスト出演したとき
吉本さんはどう思います？
え
あっ
なにも思いつかなかったです…すみません
楽しみたいけどどうしたら…
そっか…咄嗟にリカバリーできないなら
用意しておけばいいかも…
考え中 2時間ください!!
電波の調子が悪いです…!
意見難産です
「いざとなったら」を準備して挑むようになりました…！


#踏み出す　#折れない

「失敗が怖くて前向きになれない」という気持ちはよくわかります。ラジオやライブは生モノなので、いくら準備して臨んでも100点満点はあり得ない。それでも「あのときこうしていれば……」と毎回ミスを悔やんでいた時期が、ぼくにもありました。

その葛藤を吹き飛ばしてくれたのは、星野源さんに言われた言葉。**「失敗すら楽しめるようになった方がいい。そのためにも、リスナーもスタッフもハプニングを楽しめる状況をつくっておくことが大事」**と言われ、心底納得しました。終始100点はあり得ないけれど、防ぎようのないミスを楽しいハプニングと捉えたら瞬間的に120点をとれる。それが生モノの魅力だと、今では思っています。

常日頃から「ミスしたらどうしよ……」ってことに怯えて踏み出せずにいるんで「そんなムチャな」と思ってたんですけど、「ミスしたときの準備」ならできることに気がつきました。心のパラシュートです。だからといってミスしていいわけでなく、万が一のときに。忘れないように、自分へ。

モチベUP 48

# できないことを受け入れて、ほかにできることを探す

#折れない

クリエイティブ、コミュニケーション、アイデア、計算、面白さ……。これらはラジオディレクターに必要な能力ですが、AD時代のぼくは全能力最低値。才能溢れるディレクターたちの下で働きながら、自分の無能さを思い知る日々でした。

それでも続けてこられたのは、**できないことを受け入れて、「全部できないなら全部やろう」と発想を転換**できたから。才能のある人たちを観察してマネして、全能力を平均値まで向上。結果的に「誰かの才能を最大限にいかし、誰かの苦手分野を補完できる」という強みを得ました。天才にはなれなくても、なんでも平均的にできる人には努力次第でなれる。そしてそういう人は、どの世界でも重宝されると思います。

他人が羨ましく見えたり、できない自分に悲しくなったり。日常茶飯事です。でも、できないことを受け入れた瞬間から、他人の能力が心強く思えたり、自分にまだまだ伸び代を感じられたり。他人に頼ることも。悔しい気持ちもあるけど、それはやりたいことにぶつけることにしました。

## モチベUP 49

# 死ぬ前に後悔しそうなら、とにかくやる

#始める　#踏み出す　#続ける

遅かれ早かれ、死は全員に平等に訪れます。ぼくは死がこわいので、少しでもこわくなくなる生き方をしたいと考えた結果、「死ぬときにどう思えるか」を考えて生きるようになりました。

**死ぬ間際に「あのときやっておけばよかった」という後悔をしないように、細かい懸念は置いておいて「やりたいならやる」「面白そうならやる」。**お金や人望がなくなったり、失敗して後悔したりすることはあるかもしれませんが、それはやってみないとわからないし、一時的なもの。やらずに後悔しながら人生を終える虚しさを考えたら、やらない理由はないなと思うようになりました。

今まで死ぬまでにしたいことなんて考えたこともなかったけど、もうじき40歳。考えてみようと書き出したらいっぱいありました。自分の作品を映像化したいし、もっと本をつくりたいし、パン屋さんもやりたい。将来のんびり生きるために、今がんばろうって素直に思ったんです。

# モチベUP 50

# こだわりポイントを探して褒める

#続ける

これは自分ではなく人のモチベーションを上げる方法ですが、「褒め」をとても大切にしています。といっても、単に「よかったよ」では相手に響きません。**その人自身がいいと思っていることや意識してやっていることを見極めて、解像度高く褒める。**「自分のことをちゃんと見てくれている」と思ってもらえるかどうかが肝です。

『オードリーのオールナイトニッポン in 東京ドーム』で印象に残っている褒め言葉は、パンサーの向井慧さんがラジオで言ってくれた「この規模で開演時間が1分も押していないのはスゴイ」。まさにめちゃくちゃ意識していた部分だったので、向井さんにすぐお礼の連絡を送ったくらいうれしかったです。

実際にやってみると、編集さんも同じようにポイントを褒めてくれて、最終的に自分のモチベーションも上がる最高のサイクルが生まれました。「ちゃんと見てるよ」ってことが伝わるだけでうれしいですよね。お仕事だけじゃなく、家族や友達との会話でも積極的にやっていこうと思います。

Column5

# 本当になにもできないなら「人と話す」だけでも楽になると思う

2021年春頃、ぼくはメンタルのバランスを崩して漫画が描けなくなりました。

当時はなにを描いても「誰がこんなの読みたいんだろう」「楽しみにしてる人なんていないだろうな」と考えてしまい「漫画家やめたい」と思っていました。

カウンセリングを受けてみると「休みましょう」と、数ヶ月心の安静を勧められたけど、当時は第三子が生まれたばかりだったり、家を購入してローンを組んだばかりだったり。休んでる余裕はないと思い、なんとかしてお仕事を受ける毎日。

そんなときに知人からコーチングというものを紹介してもらいました。

コーチングを知らなかったぼくに対して、コーチは「思ってることなんでも話してくださいね」と言って、ひたすらぼくの話を聞いてくれたんです。

それに、ぼくが話している間は相づちだけで、話を挟んでくることも、アドバイスをすることもなく、ただじっとぼくの目を見て、話を聞いてくれました。

そんな時間がぼくにとってはすごくうれしくて、心の中にあるモヤモヤを全部吐き出してしまいました。グチや嫉妬心、そんなこと言っても仕方ないだろってことも全部受け入れてもらえたのがうれしくて、心がすごく軽くなったのを覚えています。

それから1年半近く、隔週で話を聞いてもらう時間をつくっていただき、たくさん話を聞いてもらえたおかげで、ぼくの中にあった思い込みや偏見、自分を責める気持ちに気づくことができ、考え方を少しずつ変えていくうちに、今こうしてまた漫画を描く状態まで戻ることができました。

今振り返って感じるのは、気持ちを自分の外に出して客観視できるだけで心が楽に近づくってことと、「自分には話を聞いてくれる人がいる」って思えるだけで、毎日がちょっと心強いということです。

# Part 6

## 30秒でモチベーションを上げる方法を

天台宗正明寺法嗣

# えしゅんさんに聞いてみた！

小林恵俊。天台宗正明寺法嗣（ほっし）。1991年兵庫県生まれ。京都府立大学卒業後、天台宗の僧侶育成機関である比叡山の叡山学院に入学。専修学科を修了。2017年より姫路市の正明寺で法務に従事する傍ら、法話による伝道を行う。2019年には「H1法話グランプリ～エピソード・ZERO～」にて審査員奨励賞。2020年よりYouTubeチャンネル「僧侶えしゅんのサメに説法」や、TikTokを通じて法話を発信。TikTokのフォロワーは12万人を超える。著書に『さらりと生きてみる　自分がほどける1分法話』（さくら舎）がある。

モチベUP 51

# 身体の感覚に変化がないか、意識を集中する

ふーーっ…
肩に力が入りすぎてる感じが…
プレッシャー感じる仕事のときいつもこうかも
ぐぬぬ…
すぐ疲れて集中がつづかないことが多い…
スーッ
気楽に気楽に楽しんでいこう
ハーッ…


#集中する　#折れない　#リフレッシュ

仏教には「心と身体は結びついている」、つまり心に負荷がかかると、身体にもなにかしらの変化が表れるという考えがあります。イライラやモヤモヤでやる気が出ないとき、あなたの身体にもなにか変化が起きているはずです。私の場合は「お腹」に変化が生じます。胃もたれのような不快感が頭にのぼっていく、という感じでしょうか。

この変化を意識しておくと、やる気を失ってしまう前に、**身体の変化から「自分がモヤッとし始めた」と気づく**ことができます。すると対処法も考えられますし、なにより「気づく」ことでそれ以上モヤモヤが広がりません。それはまさに、怒りや欲望などの煩悩に縛られず、主導権を自分に取り戻している状態といえます。

言われてみれば人前で話すお仕事のとき、緊張でお腹が痛くなったり、吐きそうになったり。それを日常的な作業の中で、心と紐付けることはしてなかったので、ハッとする教えでした。この本も「絶対いいものにしたい」って気持ちが強すぎて、序盤は肩こりに悩まされた毎日でした。

モチベUP 52

# 「どんなときにやる気が出ないか」を知っておく

ああーっ…
おわりが見えない
果てしない…
そうだ…
案件の終わりが見えないときよくこうなってるな…
予測が立ってないとしんどく感じるのかも
ーってことは…スケジュール立てて「1日これぐらい」と目処が立てば…
残り30ページ
〆切まで15日…
1日2ページでOK!
2ページならできるか

#始める　#集中する

身体の変化を観察すると同時に、**やる気が出ないときの「心のクセ」を知っておく**ことも大切です。「やらなければならないのに、どうしてもできない」という状態にはたいてい原因となる心の引っかかりがあります。その原因を把握しておくことで、悩まず対処できるようになるはずです。

たとえば、締切ギリギリにならないと火がつかないというクセに気づけば、本当の締切より少し前にリミットを設定してスケジュール登録してしまう。ゼロの状態から始めることが億劫なら、前日に少しでも作業を進めておく。反対に、やる気が出るときの自分の心の傾向を知って、その環境をつくり出すという方法も効果的だと思います。

どんなときに「やりたくない」と感じるのかと考えてると、一番に「いいものつくらなきゃと意気込んでるとき」が出てきました。そんな自分に「自分らしくやるだけでいいよ」と声をかけることに。心のクセに対してかけられる言葉を用意してるだけで、楽になるんだなと感じています。

モチベ UP 53

# "身《しん》・息《そく》・心《しん》"の順で整える

#始める　#集中する　#リフレッシュ

天台宗では、座禅をするときの精神統一法として「身《しん》・息《そく》・心《しん》の順で整える」という方法が用いられます。**心を落ち着けるためには、心以外から整えていく**とうまくいく、という理論です。

まず背筋をまっすぐ伸ばし、リラックスした状態で座ります。すると自然に呼吸が整い、心も落ち着いてきませんか？　あえて普段よりもゆっくり呼吸してみると、呼吸に意識が向いて余計な考えごとがストップ。瞑想やマインドフルネスに近い効果が得られます。煩悩に支配されてやる気が削がれてしまったときは、その場で背筋をピンと伸ばすところからぜひ始めてみてください。

コロナ禍以降、グッと口を閉じて過ごすことが多くなったと感じています。なので、気がついたときに深呼吸するようにしてましたが、この呼吸法もすごく有効だと思いました。日々時間に追われて、息をするのも忘れてしまうので、あえてゆっくり時間を使う。忙しいときほど忘れないように。

モチベUP 54

# 友達に電話をかける

#リフレッシュ

時折、私の預かるお寺には、日常に疲弊した人やどうしていいかわからなくなった人が助けを求めに訪れます。そんなときは、お話を聞いて、一緒にお経を読んで、一緒に仏様に祈るのですが、最後はスッキリしたお顔でお帰りになる人が多いです。

ひとりで抱え込んで身動きできずにいるとき、事態を好転させるきっかけになるのは、自分以外のなにかに触れること。誰かに気持ちを話すことはもちろん、その場に相手がいない場合や人に話すことが苦手な場合は、神仏・先祖・自然など、人でなくてもいいと思います。推しのグッズと少し話すだけでも楽になるかもしれません。

**あなたの大切な対象に語りかける**ことで、心が落ち着き、整理されていきます。

子どもが生まれて、生活スタイルが変わって友達と会う機会も減り、モヤモヤが増えたかもしれないなと感じました。なので、この話を聞いて以降、友達と定期的にオンラインで雑談をすることにしています。他愛もない話。でも話せる相手がいるって思えるだけで安心できるんです。

モチベUP 55

# ご飯を一粒一粒噛み締めてみる

#踏み出す　#折れない　#リフレッシュ

「あのときこうしていれば……」という過去の後悔や、「来週のプレゼンどうしよう……」という未来の心配。これらが原因で動けないときは、「今」に集中してモヤモヤを意識から追い出しましょう。これはマインドフルネスともいいます。

私たち僧侶は、毎日の食事で実践しています。「食事に集中して臨む」という生活の中の修行です。**「いつもより5回多く噛む」「お箸にまで意識を向ける」など、普段意識しないことをあえて意識し、食事に集中する**のです。仕事中なら、ペンを握る手やキーボードを叩く指先の感覚。歩いている最中なら、地面を踏みしめる足や前後に振る腕の感覚。一つひとつに集中すると不安がなくなり、心がクリアになります。

いつも時間に追われながら過ごしてたんだなってことに気づきました。とにかく簡単で、手軽に食べられるものを選んだり、次にすることを考えながら食べたり。ご飯の甘さを感じたのはいつ以来だったかな。すべての動作を丁寧に。ふと気づいたときに意識するようになりました。

モチベUP 56

# 「なんのためにやるか」をはっきりと意識する

それなんのため？
あと4ページ仕上げるの大変で心折れそう…
けど
この漫画を通して…
みんなの「やりたいけど」が「やってみよう」に変わって喜んでもらうため…！
そうなったらぼくもうれしい！
ありがとう！
ありがとう！
つまりやればやるほど自分のためにもなるんだな…！

#始める #続ける #折れない

神仏に祈願するときに私が大事だと思うのは、願いの動機までを強く思いながら祈ること。「〇〇に合格しますように」ではなく、**合格してなにをしたいか、どうなりたいかを明確に意識する**のです。目的が明確な方が、モチベーションが上がって達成により近づけるとも思っています。

もしその動機が他者のためなら、さらに大きな力を生むでしょう。「合格して両親を安心させたい」であれば、それは功徳《くどく》（善行）となり、自分と両親の3人分の力が生まれる。困難に遭遇しても「両親のために」とがんばることができるのです。そのように、自分だけでなく他者の幸せをも願い生きる人を、仏教では「菩薩《ぼさつ》」と呼びます。

ぼくは読んでくれる人にとって、本気で役に立つものをつくりたいと思っています。でもそんな考えに対して「偽善者ぶってる」と思われるんじゃないかという不安があったんです。なので、この話を通じて、ようやく素直に「人のため」にがんばっていいんだと思えるようになりました。

## モチベUP 57

# 寝る前に「いい人生だった」と思って寝る

いい一生
だったなー
ーと思って
今日を終えるため
できること…
1ページでも
作品を残して
家族と楽しく
いつもより有意義な
時間を過ごそう

#始める　#踏み出す

「人生は有限」と頭ではわかっていても、つい時間を無駄にしてしまうことがあると思います。では、「人生」を「机の上の本」に置き換えて考えるとどうでしょう。本は100年も経てばボロボロになりますが、急になるわけではなく、今この瞬間も少しずつ朽ちていきます。人間も同じで、**今この瞬間も確実に死に向かっている**のです。

ある有名なお坊さんの言葉に「一日一生」というものがあります。これは「一日を一生と考えましょう」という意味。仏教は「死ぬときにどう思って死ねるか」を大切にしますが、同じように、毎日眠る前に「いい人生（一日）だった」と悔いなく今日を終えられるよう意識して生きると、めんどうな気持ちに打ち勝てるかもしれません。

「一日一生」と思って生きる。正直まだ想像しきれない部分がいっぱいありました。でも、やってみて思ったのは、「なにが大切かを再確認できる」ということ。今日はスマホを置いてみよう。ゆっくり子どもたちと話してみよう。感謝を伝えよう。できてないことに気づけました。

# 批判されたら相手の立場を考える

○○○○
全然おもしろくなかった 買って損したわ
吉本ユータヌキ @horohoreta13
本がでました！ ぜひ読んでみてください！
……
やっぱダメージはあるけど
もしかしたらもっと期待してくれてたのかも
がんばって稼いだお金で買ってくれたのかも
本買うために遠くの書店まで行ってくれたのかも…
いろんな考えがあるのは仕方ないから
ぼくはぼくがいいと思うものつくってくしかないのか…！

#折れない

私はYouTubeやTikTokで法話を発信していますが、たまに批判のコメントが届くことがあります。そんなとき、**ショックや怒りに支配されないように心がけているのが「相手の立場」を考えること。**「なぜ仏教にそんなに憎しみをもっているんだろう」「この人の信仰する宗教には、批判をしなければならないような教えがあるのかな」などと想像してみると、自然と感情が落ち着きます。

そもそも、批判をゼロにするのは無理な話。お釈迦さまも2500年前に「世に非難されない者はいない」という言葉を残しているくらいです。批判に振り回されずモチベーションを保つ方法を、いざというときのために用意しておきましょう。

立場まで想像してみると、「その人なりの大切な考えがあるのかもしれない」と少し捉え方が変わり、いい意味で「わかり合えないから仕方ない」と諦めをつけることができました。とはいえ、それでも傷つくのには違いない。批判されたくないし、しない。改めて強く思いました。

# 仏道ポイントを貯める

#始める　#続ける

評価がされない仕事、自分のがんばりが見えにくい仕事はやる気が出ない。そんな方におすすめしたいのが「仏道ポイント」を貯めること。誰もやりたがらない仕事をやったら1ポイント。負の感情が湧いたときに冷静に向き合えたら1ポイント。**些細なことでも誰かの喜びにつながること、もしくは自分の成長につながることをした際に、仏教的に成長した＝仏道ポイントが貯まった、と考える**のです。

社会的な評価とは別の物差しをもつと、自分の行いに素直に満足できるようになる。すると、誰かに評価されるための行動から解放されて、より自由に生きられる。物差しが増えたことは、私が仏教と出会ってよかったと思うことのひとつです。

ぼくには信仰する神や推しがいないので、実感しきれない部分もありましたが、いたら救われるだろうなと思いました。行い一つひとつを見守ってくれる存在や、心の中で褒めてくれる推しの存在は、日々を明るく輝かせてくれる……はず。信じる力、すごく大切だなと思いました。

## モチベUP 60

# 「昨日より高く飛ぶ」を意識する

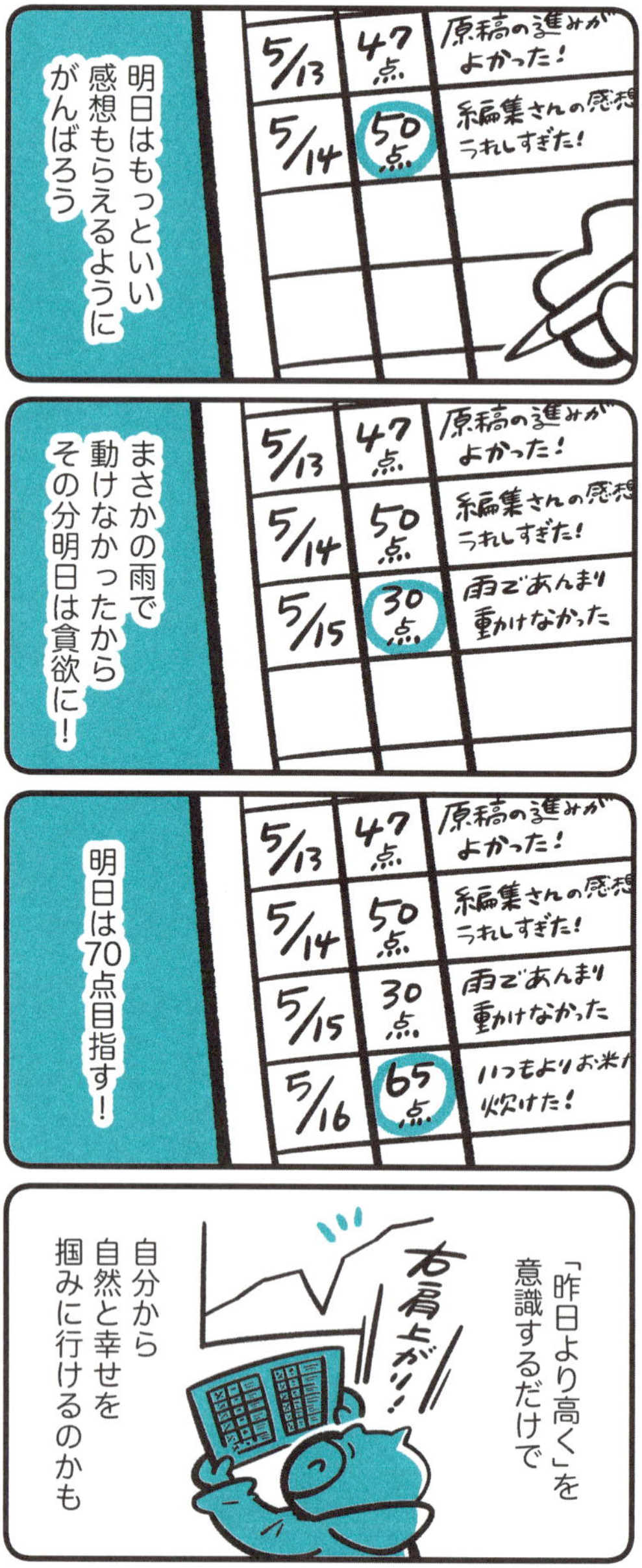


#続ける　#折れない

合格・不合格、昇格・降格、成功・失敗……。結果だけに目を向けていると、うまくいかなかったときにモチベーションが下がってしまいます。でも、あなたが目指している本当のゴールは合格や昇格ではなく、その先の幸せのはず。本当は空を目指しているけれど、空があまりにも広いから雲を目標に定めただけ。それがいつしか「あの雲に届かなければダメだ」と思い込んでしまったのかもしれません。

空がゴールなら、大事なのは「昨日より高く飛べたか」。たとえ合格できなくても、以前の自分よりは知識や技術が確実に身についています。**空に少しずつ近づいていく過程を楽しむ**ことが、なによりも大切ではないでしょうか。

「幸せ」ってなに？　そんなことを考えてると、他人や社会の平均と自分を比べてしまって、劣等感に飲み込まれてました。でも「昨日より高く飛べたか」だと、昨日より1点高けりゃハナマル。積み重ねて、いつか振り返ったときに「幸せ」に気づけるのかも。と、思いました。

Column6

# 自分の特性を知ったら心が軽くなった話

えしゅんさんの「心のクセを知っておく」（P134）というお話で思い出したのが、4年ほど前に受けた『ストレングスファインダー』。全34種類の資質が順位付けられて、自分にはどんな才能があるかがわかる診断です。

ぼくの上位5つは、

①共感性 ②最上志向 ③分析思考 ④調和性 ⑤慎重さ

――で、この組み合わせから

「他人の微細な心の動きをキャッチする力に優れている。特筆すべき強み」

と説明していただき、これを聞いた瞬間にぼくは人生がひっくり返ったような気がしました。大袈裟じゃないんです。

今までずっと、他人からどう思われているかばっかり気にして、自分のやりたいことに集中できないことが、「よくない」と思っていたからです。

だから動けなくなる日があったり、自分を責めてしまうこともあったけど、こんな自分だからこそできることがあるんじゃないかと気づかせてもらったんです。

それ以降は、自分のイヤな部分にも「それも自分の特性なのかも」「じゃあ、こう変えてみれば……」と、自分の気持ちが楽になる捉え方や視点を探して変えられるようになりました。

――と、劇的な気づきがあったにも関わらず今でも動けなくて「ううう」ってなる日もたくさんあって、なかなかうまくいかないなーと自分自身の難しさも感じる毎日です。

でも、今回80個もモチベーションの上がる方法を教えてもらい、「これはほんとに効果あるのか?」と自分を使って、分析するのも楽しめています。

ちなみに……資質の下位5つの中に活発性・達成欲・競争性が入ってるらしく、特性として「スピード優先して数で勝負することには気持ちが乗らない」と言われて、自分はのんびり納得してつくっていくタイプなんだなとわかったので、できるだけ焦らず、着実にやっていこうと思えるようになりました。

# Part 7

## 30秒でモチベーションを上げる方法を

心療内科医

## 鈴木裕介さんに聞いてみた！

内科医、心療内科医、産業医、公認心理師。2008年高知大学卒。内科医として高知県内の病院に勤務。研修医時代に経験した近親者の自死をきっかけに、メンタルヘルスに深く携わるようになる。一般社団法人高知医療再生機構にて医療広報や若手医療職のメンタルヘルス支援などに従事。2018年、「セーブポイント（安心の拠点）」をコンセプトとした秋葉原saveクリニックを開院、院長に就任。主な著書に『我慢して生きるほど人生は長くない』『心療内科医が教える本当の休み方』（アスコム）などがある。

モチベUP 61

# 水を一口飲んで、喉を通る感覚を追う

#リフレッシュ

やる気を出す方法を紹介するその前に、人間の身体には活動的なときと非活動的なときの「リズム」があることをお伝えしておきます。たとえば、水をひと口飲んでみてください。**水が喉や内臓を通る感覚が、いつもよりも感じられない場合は、「今ここ」の感覚が失われ、身体が非活動的な「氷モード」になっている可能性があります。**

氷モードとは、副交感神経のうち「背側迷走神経《はいそくめいそうしんけい》」が優位な状態のことで、いわば「自分を守る省エネモード」。ぼんやりする、背中が丸まる、感覚が鈍くなるといった特徴が表れます。このモードが続くなら、身体が活動モードを終えて「店じまい」をするサインであり、休むべきタイミングといえます。まずは30秒でもいいので、体育座りで亀のように丸まるなど休む選択をすることが、のちのやる気につながります。

まず「そういうもの」だとわかっただけで、ぼくはすごく救われました。やる気が出ないのは、気持ちに問題があると思ってたので。この日以降、身体のモードを意識して生活しています。眠くなったら寝る。やる気が湧いてきたらガッとやる。モヤモヤすることが減りましたよ！

モチベUP 62

# 『スプラトゥーン』をやる

テンション上がるし身体もあったまってきたー！
仕事前のエンジンかける時間にいいかも
ただ問題はー
30秒では終われん…
あと5分だけ

#始める　#集中する

人間の身体は太陽とともに動くようにデザインされています。本来、朝起きたときには自然に活動モードに入れるのですが、体内時計のリズムが合わなかったりして、すぐにオンに入れないことがあります。そういうときは、「炎モード」のスイッチをオンにすることでエンジンをかけたりしています。**呼吸を速める、レモングラスなど覚醒作用のあるアロマを焚く、ぼくの大好きな『スプラトゥーン』のようにエキサイティングなゲームをするなどで、交感神経を優位にする方法**です。

ただ、注意が必要なのは、がんばりすぎなどで限界に達していると、エネルギーが枯渇したように身体がシャットダウンし、そもそも交感神経を働かせるのが困難に。その場合は、体外的な活動を控え、まとまった休養が必要な状態かもしれません。

ぼくはパワプロ（野球ゲーム）を1イニングだけすることにしています（アロマや呼吸と違って、30秒では終われないんですけど）。湧き上がってくるものを感じられています。また小休憩で続きを。そうして1日かけて1試合をやるんです。楽しみにもなりますし、いい習慣にもなってます！

モチベUP 63

# 『テトリス』をやる

集中したおかげで焦りとか悩みから離れられたし…
↑これがうまく決まったとき脳が震えるように元気出るー！
ただ問題はー
これも…
30秒では終われん…
あと5分だけ


#始める　#集中する　#リフレッシュ

やる気が出ないとき、「自分はなんてダメなんだ……」とネガティブな考えを無意識に反芻《はんすう》していることがよくあります。この思考をリセットしてモードチェンジする方法が、脳の「前頭前皮質（前頭前野）」という部分を使うこと。

前頭前皮質は、計算や合理的な思考などで活性化します。ゲーム好きのぼくは、**寝転がりながら『テトリス』や『ピクロス』などのパズルゲームをやる**ことがあります。数字が好きな人には暗算とかもおすすめです。反芻思考のコントロールに役立つほか、過去のイヤな記憶がフラッシュバックしないようにするための方法としても効果的であることが知られています。

『スプラトゥーン』や『テトリス』やら、裕介先生のコンテンツは気軽に楽しくできるからいいですよね。脳科学的にいいだけでなく、遊びの重要性をすごく感じます。今まで仕事中にゲームなんて……と思ってたけど、意識的に時間を決めて取り込んでいこうと思えるようになりました。

モチベUP 64

# 肩を動かす交感神経エクササイズをする

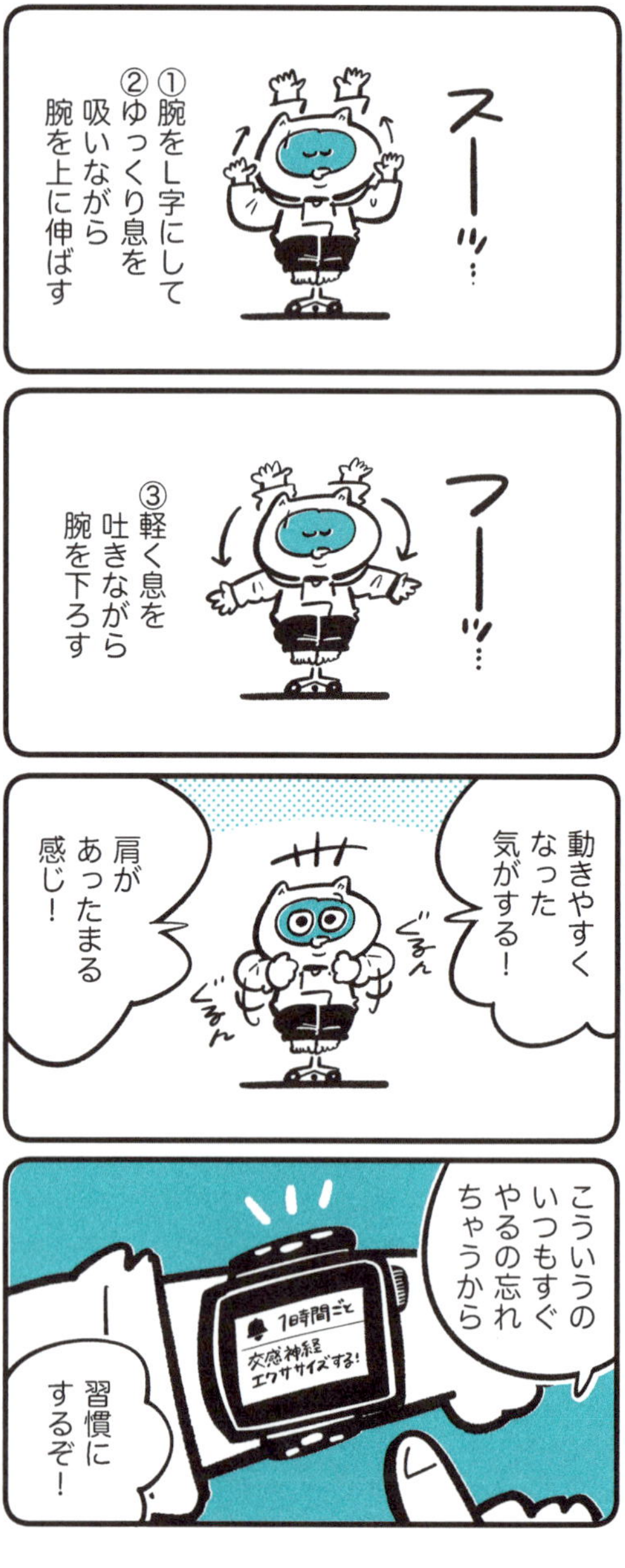
スーーッ…
①腕をL字にして
②ゆっくり息を吸いながら腕を上に伸ばす
フーーッ…
③軽く息を吐きながら腕を下ろす
動きやすくなった気がする！
肩があったまる感じ！
ぐるん
ぐるん
こういうのいつもすぐやるの忘れちゃうから
1時間ごと
交感神経エクササイズする！
習慣にするぞ！

#始める　#集中する

交感神経を優位にして炎モードにすることで、モチベーションは自然に上がります。

P156で紹介した「呼吸」「アロマ」「ゲーム」といった方法のほか、私が交感神経を刺激するために日常的にやっているのは「交感神経エクササイズ」。

**両腕を横に開いて90度に曲げ、息を吸いながらバンザイ、吐きながら下ろす。**これを5回ほど繰り返すだけです。肩の大きな筋肉を動かすと血流がよくなり、意識が覚醒してテンションもアップ。仕事や勉強を始める前、集中力が途切れてきたときなどに、その場で簡単にできるおすすめのエクササイズです。

こういうエクササイズは「結局なにがいいのかわからん」ってなって続かないんですけど、これを機に続けることにしました。1時間ごとに肩を動かすだけで、肩こりもマシになりましたし、大きく息を吸うってだけで頭がスーッとリフレッシュできている気がしています。

モチベUP 65

# 昇龍拳をくりだす

波動拳!
昇龍拳!
ぷっ
ひとりでやると
バカバカしくて
なんか
悔しいけど
元気出る


#始める　#リフレッシュ

やる気を出したいとき、私はよく昇龍拳をくりだします……というとちょっと語弊がありますね（笑）。**正確には「昇龍拳!!」と叫びます。**身体を動かしたり大声を出したりすると交感神経が優位になりますが、そこにユーモアや遊びを織り交ぜると、副交感神経の一種「腹側迷走神経《ふくそくめいそうしんけい》」も同時に活性化。すると鬼ごっこをしているときのように、ほどよくリラックスしつつ活動的な状態にもっていくことができるんです。

ぼくはゲーム好きなので「昇龍拳」（ストリートファイター）や「龍神烈火拳」（ロマンシング サ・ガ）とかが好みですが、たまに「覇王翔吼拳」（ＫＯＦシリーズ）を使わざるを得ないようなときもあります。テンションが上がりつつ、「なにやってんだ自分」と笑えるような内容であれば、なんでもＯＫですよ。

絶対に誰にも見られたくないし、ひとりでやると虚しさＭＡＸなんですけど、それがいいみたいです。なので今読んでくれている、あなた！　一緒にやりましょう！　毎日9、12、15時に！　世界のどこかに自分以外にも「昇龍拳っっっっっっ！」ってしてる人がいるってだけで、元気出るので！

モチベUP 66

# イヤなことを全部「シリアス子ちゃん」のせいにする

#始める　#集中する　#続ける

ネガティブな考えごとを反芻してしまうせいでやる気が出ない。そんなときは**自分を責めず、「『シリアス子ちゃん』という妖精が悪さをしている」という設定にしてしまいましょう。**こういう手法を「外在化」というのですが、状況を他人事のように客観視でき、心を軽くするのに役立ちます。バカバカしいと思うかもしれませんが、「シリアスさ」に対抗できるのは「バカバカしさ」である、というのは個人的な信条としてかなり頼りにしてるところがあり、ぼく自身も大きく助けられてきました。

信頼関係のある友人などに、「シリアス子ちゃんが取り憑いてるね～」と言ってもらうのも効果的。誰かと一緒に笑うことも、過度にシリアスになるのを防ぐいい方法です。

自分を客観的に見られるだけでなく、自分に優しい言葉をかけるのが苦手な人にはすごくいいなと思いました。他人には言えるんだけど……ってことも、シリアス子ちゃんになら言えるはず。休んでいいよ。無理しないでね。自分の気持ちを大事にねって。都合よく現れてもらいましょう。

モチベUP 67

# ショート動画のアプリを削除する

#始める　#集中する

やる気がなかなか出ない方は、「生活の中で無意識に依存しているもの」がないか考えてみましょう。自分のやる気の総量を大幅に奪っている依存物がある場合、「そのこと以外やる気がなくなる」という依存症特有の症状が出ている可能性も。

現代人にとって最も身近で依存性が高いのは「スマホ」。とくに**YouTubeやTikTokなどのショート動画は刺激が強く、中毒性が高い**です。依存から抜け出す唯一の方法は「絶つ」こと。依存物がなくなると、エネルギーが別のものに向かいやすくなります。また、依存物ほど強い刺激を得られなくても、弱い刺激で快を感じられるようになるため、仕事や勉強など日常生活の中での面白みを感じやすくなるかもしれません。

ほんとに某アプリを消しました！　おかげで仕事中の脱線も短くなったし、早く寝られるように。なくなって困ったことはない……どころか、不意に出てくる衝撃的でショッキングな動画でストレスを感じることもあったので、それがなくなって心にはよかったと思っています。

モチベUP 68

# 五苓散を飲む

#始める　#集中する

気圧の変化による天気痛、二日酔いのダルさなど、身体の不調がモチベーション低下の原因になることもあります。たとえば低気圧による不調は、気圧が低いために体内の水分バランスが乱れ、血管が拡張して起きるもの。山の頂上でスナックの袋がパンパンに膨らむ現象と同じです。そうなると頭の血管などに影響が及んで頭痛がしたり、血圧が下がってやる気が湧かなくなったりします。

**そんなときの強い味方が「五苓散《ごれいさん》」。体内の水の配分を整えてくれる漢方です。**ぼくのクリニックはぼくも含めて気圧に弱い人が多いので、「フリー五苓散」という福利厚生を用意し、不調の際にいつでも飲めるようにしています。二日酔いにもいいです。

この話を聞いたあと、すぐに買いに行きました。ぼくには効果抜群で今までほぼ動けなかった雨の日も、集中して作業できるように。知るって大事ですね。年々不調な日が増えてきてるんで（悲しい）、定期的に病院で相談して、対処法を教えてもらおうと決めました。

モチベ
UP
69

# ムカついたことを思い出して、タオルを噛み締める

ぐぅぅぅぅぅめぬぅぅ!

ハァ…

スッキリ…

「怒り」って出すのよくないと思っていつも我慢してたけど誰にも迷惑かけないし適度な発散はした方が心が楽になるかも…!

ひとりでカラオケやバッティングセンターに行ってみよかな

#始める　#リフレッシュ

生きていれば腹の立つことはたくさんあります。「怒り」という感情を抱くことは自衛のために必要な、健全なものです。怒りは交感神経を活性化させますが、抑え込むと静電気のように蓄積していきます。なるべく人間関係に深刻に影響しない形で「放電」できる方法があれば、怒りのコントロールの助けになると思います。

たとえば、**怒りの場面のことを思い出しながら、タオルを口にくわえて噛み締める、「ウ～ッ」と唸る、ゴムボールを握り締める、怒りの言葉をつぶやく・紙に書く**などの方法があります。バシバシと激しく殴る感じよりは、絞り出すようにじっくり行うのがコツです。健全な攻撃性は、困難に挑戦したり、交渉で意思を貫いたりするうえで重要です。その感情自体を無理やり抑え込む必要はありません。

ここ最近、自分の機嫌をコントロールできるようになりたくて、「怒り」が湧いてきても、沈めるようにしていました。でも話を聞いて「怒り」と「攻撃」を切り分けて、出し方さえ気をつければいいんだなと気づき、すごくスッキリしました。我慢はしんどいですからね。

モチベUP 70

# 午前中に空を見上げて太陽を浴びる

陽を浴びるのがいいとは知ってたから毎日散歩はしてるけど
思い返してみれば…
いつも下向いてばっかりだったかも
電源オフ
気持ちい〜

#始める　#集中する

朝起きたら、窓から空を見上げて太陽の光を浴びましょう。高照度の光を目に入れることは、実はカフェインより覚醒効果大。幸せホルモンのセロトニンの合成にも関与し、姿勢筋が整いシャキッとします。とくに**午前中は空の方向を見上げるように意識してみましょう。**自然光は蛍光灯よりもはるかに照度が高く、曇りや雨の日でも十分に効果があります。

ちなみにセロトニンは、十数時間後に眠気ホルモンのメラトニンに変わるという性質をもっています。朝の光刺激で体内時計がリセットされれば、自律神経が正しく切り替わり、日中の活動性だけでなく睡眠の質も上がるのです。セロトニンの生成にはタンパク質が必須。菓子パンなど糖質に偏らないよう注意しましょう。

ホルモンの影響かはわからないんですけど、顔を上げて歩くだけで元気が出るのはたしかです。なので最近はちょっと太陽を見たら、あとはサングラスをかけて散歩をしています。眩しいと無意識のうちに下の方を向いちゃうので。好きな音楽を聴いて、空を見て歩く。それだけで幸せだなーって感じるんです。

Column7

# 自分の身体とうまく付き合えるようになった話

ぼくは曇りと雨の日に、身体が重くて動けなくなることがよくあります。それも2年ほど前ぐらいから。

SNSでよく「低気圧」という言葉を目にしていたので、なんとなく自分も低気圧に弱い身体になってしまった……と、動けない自分に情けなさを感じていました。

そんなタイミングで鈴木裕介さんに『五苓散を飲む』(P168)を教えていただき、市販のものを買って飲んでみると効果抜群。びっくりするぐらい身体が軽くなって、晴れの日と変わらないぐらい元気に。

そんな喜びに浸りつつも「ほんとに低気圧の問題なのか?」と疑問が湧いてきたので、病院に行って診断してもらうことにしました。

するとびっくり。低血圧だったんです(80mmHg)。

先生は「そりゃ頭ぼーっとするよ」と言い、血圧を上げる薬と大量の五苓散を処方してくれました。

低血圧というまさかの事実に、ぼくはガーンという気持ち半分、スッキリした気持ち半分でした。

スッキリしたのは、今まで「なんとなく」低気圧で身体が重くて、そうなってしまった自分が悪いと思ってたけど、ちゃんと原因がわかったことで、いい意味で諦めがつけられると思ったからです。

それからは、天気の悪い日は仕方ないから、のんびりできる作業をする日にしよう。と、事前の天気予報を見て、週間のスケジュールを組むようにしたり、動けない日に備えて進行を前倒しにしておこう……など対策が取れるようになりました。

また、血圧を正常な数値に戻すために運動や食事バランスなども意識的に取り組んでいます。

今回、「低血圧」が発覚したことで、動けない理由は気持ちだけじゃなくて、体質も大きく影響してるんだなと改めて感じ、自分の身体を知って、うまく付き合っていくことが大事なんだなと思いました。

# Part 8

## 30秒でモチベーションを上げる方法を

野球選手

## 川﨑宗則さんに聞いてみた！

1981年鹿児島県生まれ。鹿児島工業高等学校を卒業後、福岡ダイエーホークスに入団。2009年のWBCでは代表として世界一に貢献。2012年にメジャーリーグに挑戦。2017年に福岡ソフトバンクホークスに復帰。自律神経の病気を患い、2018年からは、一度野球選手としてのプレーを休み、育成年代への指導を中心に活動していたが、2019年7月に味全ドラゴンズと選手兼コーチ契約をし、現役復帰。現在は栃木ゴールデンブレーブスでプレー中。著書に『「あきらめる」から前に進める。』（KADOKAWA）などがある。

モチベUP
71

# 失敗するのが当たり前だと考える

#踏み出す　#続ける　#折れない

ぼくは43歳の今も現役プレーヤー。病気で2年ほど現役を離れていましたが、少年時代から数えると30年以上も野球人生を続けています。その原動力がどこにあるかというと、「野球の奥深さ」に尽きるかなと。難易度の高いスポーツにどっぷりハマってしまった、という感覚です。

野球はミスして当然の難しいスポーツ。今でもうまくいかないことばかりです。だからこそぼくは、プレーで失敗しても凹みません。失敗は「普通のこと」だから。仕事も同じで、**難しい仕事ほど失敗が当たり前。**必要以上に落ち込むことはないと思います。日頃からそういう頭でいると、うまくいったときのうれしさったらないですよ（笑）。

失敗するのが当たり前だと理解できていても、自分を責めてしまっていたのは「こんなに時間かけていいのかな」という焦りからでした。でも今回、必要な過程だと考えられるようになったことで、過程こそ楽しもうと思えるようになりました。楽しむためなら有意義な時間と考えられるので。

モチベUP 72

# 数字を見ないで目の前のことをやる

14:28
吉本ユータヌキ
今日のマンガです!
今日の漫画いいね少ない…
いやいや執着しないしない…!
いいね数を稼ぐことが目的なんじゃなくて…
自分の表現したい想いを漫画にして楽しんでもらうことが目的だから
今できることを一生懸命やるしかない!
それにいいね数は自分でどうにもできないからね


#続ける　#折れない

売上トップになる、同僚より早く出世する、ライバル企業より結果を出す……。勝負や競争はいいモチベーションになりますが、そこに執着してしまうと、勝ち負けにメンタルが振り回されることに。

スポーツは勝負の世界。でもぼくは試合中、**「勝利」という目に見えないものは絶対に追わない**ようにしています。シーズン中毎試合、勝ち負けに左右されていたら心身がもちません。目の前のやるべきこと一つひとつを全力で、楽しく、客観的に捉えながらやる。結果として、いいパフォーマンスを発揮できる。これは、プロになり1軍で長く試合に出るようになってから心得たメンタルマネジメント術です。

数年前、「描きたいこと」より「いいねがたくさんもらえそう」を描いていた時期がありました。いいねは右肩上がりに増えていたけど、気づいた頃には「自分が描く意味」がわからなくなり、楽しさを失ってメンタル崩壊。なので今は「描きたいことを描く」を大切にしています。

モチベUP
73

# 「なにもしない」をする

なにもしない時間
いつ以来だろ
休むことが
よくないって
思い込んでたな…

#始める　#リフレッシュ

今の社会では、がんばることが「いいこと」、がんばらないことが「悪いこと」と定義されてしまいがち。がんばれるときはいいのですが、心身の調子がよくないときに無理に動いても余計に苦しいだけ。**現状を打破しようとするのをやめて、「なにもしない」選択をしてほしいです。**

ぼくは自律神経の病気の治療中、よく海辺を散歩して、海の音を聴いていました。波の一定のリズムや、風とともに変わる海の音色に耳を傾け、ゆっくり鼻呼吸をする。そうしていると、なにもしていない自分を受け入れてあげることができました。動けない自分を受け入れる時間も、次へ進むための大事なステップだと思います。

30秒じゃない……と思いながら1日「なにもしない」で過ごしてみると湧いてきたんです。ラーメン食べたい。自転車乗りたい。絵日記描きたい、って。自然の「やりたい」が。なので「やらなきゃ」に潰されそうなとき、30秒で説得しようと思います。「なにもしないってどう？」って。

モチベUP 74

# 鏡で自分の顔を観察する

眉毛つながりそう…
あ
また太ったかな
剃り終わったらウォーキング行こうかな

#リフレッシュ

やることがあるのに動けないとき、その状況を「解決しよう」、その状況と「戦おう」と思うと、どんどん心が苦しくなります。ぼくも病気を患った当初は、動きたいのに動けない自分が許せませんでした。

動けないぼくにできた唯一のことは、**今の自分の姿や行動、考え方を観察すること。**「ずいぶんヒゲ剃ってないな」とか些細なことでも、観察しているといろんな角度からの自分が見えてきて、理想の自分以外にもいろんな自分がいることに気づきます。問題を解決しようともがいている最中には見えなかったことが見えるようになり、「このままじゃダメだ」は「今はこれでいい」に。ちょっとしたきっかけで自然と動き出せるようにもなりました。

観察して「白髪の多さ」に気づきました。「行ってみようかな」ぐらいの気持ちで白髪染め店に行ってみると、そこでは38歳のぼくが一番若かったんです。「自分ってまだ若いんだ！」と、未来が明るく感じられるようになりました。小さな発見から、大きな希望をいただきました。

モチベUP 75

# 楽しむために理想を諦める

#始める　#踏み出す　#折れない

18歳で福岡ダイエーホークスに入団して、プロになったとき。松中さん、井口さん、城島さん、小久保さん、秋山さん……と周りとのレベルの差があまりにも大きく、早々に「これはクビになるな」と1軍で活躍する理想を諦めました。今思えば、それが功を奏した気がしています。「クビになるなら、とりあえず今置かれた状況を楽しもう」と、自分のために楽しんで努力できるようになったんです。

大事なのは「いかに楽しむか」。ただ諦めるのではありません。**理想を諦めて自分の方を向く**という諦め方は、「いつクビになってもいい」という覚悟が決まります。自然とモチベーションも上がって、自由に身体が動くようになりますよ。

ぼくはいつも極端で「諦める＝やめる」と考えていました。でも話を聞いて、理想を叶えるまでのスピードや道順を「諦める＝変える」という考え方もあるんだと気づきました。たとえゴールが思ってたのと違っても、それも面白いはず。やらずにやめるなんてもったいないですもんね。

## モチベUP 76

# 自分に「いいね！」と声をかける

#折れない　#リフレッシュ

「プレーで失敗しても凹まない」と言いましたが、最初からそう思えていたわけではないです。契約金が上がればプレッシャーも大きくなるし、自分自身への期待値が上がる。ミスした自分に落胆し、自分を責めて苦しむこともありました。でも今は、「責める」が「愛する」に変わりました。自分に期待することも、できなかった自分を責めることも、つまりは「自分が好き」ということと紙一重と気づいたからです。

必要以上に自分を責めずに、自分を抱きしめてあげたらいい。失敗から立ち直れないとき、その根底に「自分はなんてダメなんだ」という思いがあると気づいたら、**責めるのをやめて「よくがんばった」と自分を愛してあげてください。**

自分に自信がなくて「自分なんて……」と思ってる割に、自分に期待してたんだなと気づいて、ちょっと恥ずかしくなりました。でも、そんな自分を他人に置き換えてみると「いいねー！　これから期待してるよ」って言うかもと思いました。これから期待してるよ、自分！

モチベUP 77

# 「仕事は〝所詮〟幸せのための道具」と考える

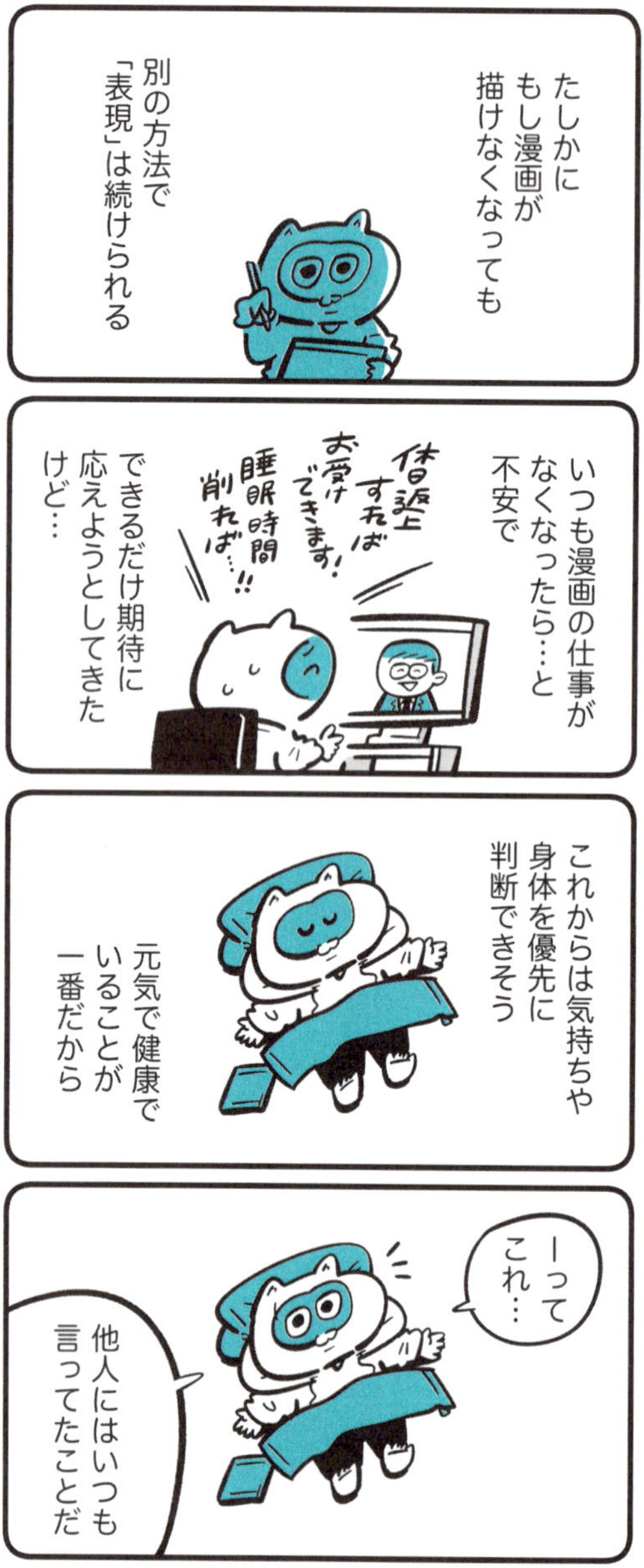

たしかに
もし漫画が
描けなくなっても
別の方法で
「表現」は続けられる
いつも漫画の仕事が
なくなったら…と
不安で
休日返上すれば
お受けできます！
睡眠時間削れば…!!
できるだけ期待に
応えようとしてきた
けど…
これからは気持ちや
身体を優先に
判断できそう
元気で健康で
いることが
一番だから
ーって
これ…
他人にはいつも
言ってたことだ


#リフレッシュ

知らず知らずのうちに「仕事は人生のすべて」と思い込んでいませんか？　仕事を大切に思うのはすばらしいですが、**仕事は所詮、幸せのための道具のひとつ。** どんなに優れた野球選手でも、野球＝人生のすべてではありません。

「所詮」というとネガティブに聞こえるかもしれませんが、そう思うことで不安や葛藤を和らげると思っています。ある選手が心身に問題を抱えていたとき、無理に練習に行こうとするので止めたことがあります。野球は所詮道具なので、大事なのは自分自身です。自分を壊してまで練習に行く必要はありません。幸せのためなら道具を手放しても、別の道具に替えてもいい。そう思うと心が楽になります。

「多少体調が悪くても仕事は行かないと！」と考えてしまうのはなんで？　と思い返してみると、幼少期に親から「人に迷惑をかけるな」って言われたことから「仕事を休むと迷惑をかける」と捉えているのかもと思いました。休んでもいいんですよ。そして身体に合わなければ、変えましょ、道具。

## モチベUP 78

# モチベーションを下げる

#リフレッシュ

「モチベーションを上げるための本なのに？」と思ったかもしれません。でも、モチベーションを上げることに意識を向けすぎていると、かえって疲弊してしまうことが多いです。終始モチベーションを高く保つことなんて不可能。一度下げた方が、長期的に見ると上がる。メリハリが大事だと思うのです。

ぼくは1日の中でどれだけモチベーションを下げられるかを大切にしています。元気をなくすわけではなく、自分を観察したり、瞑想したりで「気持ちを鎮める」イメージ。**一度下げることで自然とやる気が湧いてくるし、低くても幸せを感じるなら今はそのままでいいのかもしれない。**下がっている状態は、決して悪いことではありません。

今の自分が向かえないものに対して、どう感じてるのかがわかる方法でした。モチベをがんばって上げないとできない仕事は、自分にとって無理のあるものか、体調自体がよくないのかも。自然と始めてしまう好きなことが、今の自分にとってなんなのかを考えるいい機会でした。

## モチベUP 79

# 「幸せセンサー」を敏感にする

また来週から忙しくなるぞ～
やだなーこわいー
でも…お仕事もらえるってありがたいことだよな
それを10年近く続けられているのは幸せなこと
こうやって朝から散歩できるのも恵まれてるよね
ここまでがんばってきた自分えらい!
見逃しがちだけどいっぱいある…
小さな幸せ


#リフレッシュ

ぼくは昔から、野球という難しいスポーツを攻略する（できませんが……）ことにモチベーションを感じてきましたが、そういう対象がない人も多いと思います。仕事や勉強など「なにかをすること」にモチベーションを見出すのが難しいなら、**「幸せになること」へのモチベーションを高める**のはどうでしょうか？

そのためには「幸せセンサー」を敏感にしておくことが大事。たとえば「出勤途中の桜がきれい」「○○さんと話すと元気が出る」など小さな幸せをしっかり感じとることで、仕事そのものにも前向きになると思います。生涯で自分なりの幸せをどれだけ多く感じられるかが、人生を豊かにするうえでは大切だと思います。

「7時間も眠れた」「あったかいお味噌汁」「電車の涼しさ」「布団が干せるいい天気」「あの頃を思い出す曲」「好きな俳優の出てるCM」「お米がふっくら炊けた」「綺麗な100円玉」「お風呂でスッキリ」「パジャマの質感が気持ちいい」いっぱいありました！

モチベUP 80

# 30秒でモチベーションが上がるか実験する

こんなぼくが ここまで
モチベーション 上げる方法を たくさん試して これたのは…
「本当に上がるのか？」 って実験するように 楽しんできたからかも
今まで 仕事とか挑戦は 「失敗」を恐れて
動けなくなったり 挑むことから 逃げてきたけど
なんでも実験と 思えば失敗も 当たり前か…！
楽しむ余裕 できるかも！


#始める　#踏み出す　#集中する　#続ける　#折れない　#リフレッシュ

ぼくはよく自分の身体を実験台に、新しいトレーニングやストレッチ、食事やサプリメントを試しています。「これをすると身体がこうなる」と自分自身で検証していくことがとても面白く、気づけば夢中に。それが野球そのものを楽しむことにもつながっています。

仕事でもちょっとした時間で同じことができると思います。「このやり方でやると所要時間が○%減る」「ここを工夫すると結果がこう変わる」と、**実験のような感覚で取り組んでみる**のです。たとえ好きな仕事ではなくても、取り組み方次第で楽しめる方法はあるはず。ぜひ自分の仕事をいろんな角度から観察して、実験してみてください。

「やる気出ない人が、そもそも80個も試せるわけがない」と、思いますよね。ぼくも思ってました。でも4ヶ月かけてやり切れました。振り返ってみると「モチベ上げたい」じゃなくて「それ、ほんまかいな」と検証するような気持ちで、結果にワクワクしてたから……だと思っています。

# あとがき

自分でつくったものの、ぼくが読者ならここに辿り着いてないと思うので、ここまで読み進めてくださった皆さん、本当にありがとうございます。うれしいです。

最後に、少しだけこの本をつくって気づいたことをお話しさせてください。

この本の制作が始まった当初は「4コマ漫画80本か……」と受けたことを正直後悔してたんですけど、驚くことに取材が始まってからは「やらなきゃ」という気持ちはまったくなく、「今日はこの方法やってみよ」と積極的に試すようになっていました。「30秒でモチベアップ？　ほんまかいな」と半信半疑だったからこそ、「30秒後の自分の気持ちの変化が楽しみ」がモチベーションになっていたんです。

そんな4ヶ月の制作期間を終えた今、思っているのは「なにをするにも実験するかのように、楽しんでみるといいかも」ということです。

ぼくはなにをしても「0点か100点」「いい・悪い」と極端な判断を下してしまっ

てたんです。それでもって自分への判断には変に厳しいので、自分を責めることばかり。それが自分を動けなくしていた大きな原因だったと思いました。

でも、8名のすごい方々のおかげで実験の結果には5点があれば、47点もあって、120点の日もある。いいところもあれば、悪いところもある。だから、どんな結果にもただ「ダメだった」じゃなくて、「じゃあ次はこうしてみよう」と、また次の実験につなげてく。それだけでいいのかも。と思えるようになりました。

今回ぼくが教えてもらって、紹介させてもらった80の方法も、その日の気分や天候、時間帯や季節などなど、条件によっても効果は変わってくると思います。なので、その瞬間にうまく合いそうな30秒を試してみてもらえたらと思います。

それでも動けなかったら、全力で「休む」にモチベーション向けていきましょ。

ぼくもそうします！

2024年9月　吉本ユータヌキ

## クラブS

サンクチュアリ出版の公式ファンクラブです。

sanctuarybooks.jp/clubs/

## サンクチュアリ出版 YouTube チャンネル

出版社が選んだ
「大人の教養」が
身につくチャンネルです。

“サンクチュアリ出版 チャンネル” で検索

## おすすめ選書サービス

あなたのお好みに
合いそうな「他社の本」
を無料で紹介しています。

sanctuarybooks.jp /rbook/

## サンクチュアリ出版 公式 note

どんな思いで本を作り、
届けているか、
正直に打ち明けています。

https://note.com/ sanctuarybooks

## 人生を変える授業オンライン

各方面の
「今が旬のすごい人」
のセミナーを自宅で
いつでも視聴できます。

sanctuarybooks.jp /event_doga_shop/

**吉本ユータヌキ**
漫画家、イラストレーター。1986年大阪生まれ。2020年に「漫画家やめたい」と落ち込んでいたタイミングでコーチングと出会い、雑談を繰り返すうちに「他人の期待に応えるために漫画を描くことに苦しみを感じていた」と気づく。1年かけて「自分の描きたいことを描く」へと少しずつ変化し、それ以降「気にしすぎ」な人が少しでも気楽に生きられるヒントになる作品をつくりたいと思っている。
著書に『あした死のうと思ってたのに』（扶桑社）、『「気にしすぎな人クラブ」へようこそ』（SDP）がある。

X（旧 Twitter）：@horahareta13

**何をするにもやる気がでないので**
**30秒でモチベーションを上げる方法を教えてください…**

2024年9月20日 初版発行

著者　吉本ユータヌキ

デザイン　井上新八
編集協力　三橋温子（株式会社ヂラフ）
DTP　株式会社 ローヤル企画

営業　市川聡
広報　南澤香織
編集　鶴田宏樹

発行者　鶴巻謙介
発行所　サンクチュアリ出版
〒113-0023 東京都文京区向丘 2-14-9
TEL:03-5834-2507 FAX:03-5834-2508
https://www.sanctuarybooks.jp/
info@sanctuarybooks.jp

印刷・製本　株式会社光邦